tor
nkl

諸富祥彦
Yoshihiko Morotomi

ビクトール・フランクル 絶望の果てに光がある

KKベストセラーズ

「生きる意味」を
問い続けた
心理学者

ビクトール・フランクル：1905年オーストリア生まれのユダヤ人。「生きる意味とは何か」を求めて精神科医になる。独自の方法論「ロゴセラピー」を確立し、人生に絶望した人間が生きる意味と希望をとり戻すことへの援助に生涯をささげた。主な著書(邦訳書)に『夜と霧』『死と愛』『それでも人生にイエスと言う』『苦悩する人間』などがある。1997年没。

人間の極限状態を描いた『夜と霧』

1942年、フランクルは強制収容所に送られる。想像を絶する過酷な環境にあっても希望を見失わずに生きた人間精神の気高さを見た。その体験を記した『夜と霧』は大ベストセラーに。1992年にワシントンの国会図書館が全米で行った「百年後にも読み継いでいたい本」に関する調査ではオールジャンルで第七位にランクインした。世界で最も多くの人に読まれた心理学・精神医学の本。

はじめに

本書は、『夜と霧』『それでも人生にイエスと言う』の著者として知られるオーストリアの精神科医ビクトール・エミール・フランクル（Frankl, V. E. 1905-1997）の思想が、私たちに送り届けてくれている、情熱的で、深いメッセージを、フランクル自身の言葉をもとに綴ったものです。

以前に、こんなことがありました。

ＮＨＫの『ラジオ深夜便』というラジオ番組で、「どんな時も人生には意味がある」というフランクルの考えを、心を込めてご紹介したときのことです。

その数日後、私の研究室に、一枚の葉書が届いたのです。

「私は今、五十代半ばのホームレスです。仕事を失い、家族を失って、もう人生を投げ出してしまおうと思っていました。死のうと思っていたのです……。そんなとき、たまたまつけたラジオで、先生の、フランクルのお話をうかがいました……。もう少し、生きてみようと思います。ありがとうございます……」

フランクルの心理学を学び、紹介してきた者として、こんなにうれしかったことはありません。

人生、苦しいことの連続のように思えることも少なくないと思います。いったん悪いことが起こり始めると、これでもかというくらいに、連鎖して悪いことが起こります。そんなとき、私たちは天を仰ぎ、運命を呪いたい気持ちになることもないわけではありません。「どうして、この私にばかり、こんなことが次々と起こるのだ……」と言いたくなるのです。

しかし、そんなふうに自分の不幸を運命のせいにしているあいだは、何も変わっていきません。重要なのは、「自分の運命に対して、どういう態度をとるかである」とフランクルは言います。

フランクルの心理学は、人生を諦めかけた人々の、魂を揺さぶるような力を持っています。人生を諦めかけ、自暴自棄になり、すべてを投げ出そうとしていた人の魂を揺さぶって、「もう少し、生きてみよう」という思いを掻き立てることができる。それがフランクルの思想です。

フランクルはロゴセラピー（実存分析）と呼ばれる独自の心理療法の創始者です。この心理療法の特徴は、生きるのに絶望しきった人が、みずからの

「生きる意味」を再発見するのを助けることにあります。フランクルの著書の特徴は、単に心理学の学びを深めるために有益なばかりでなく、読者がみずからの「生きる意味」を発見し、生きる希望を見出していく力となりうるところにあります。

これは、フランクルという人が、単に新たな学説を提示した精神科医であり思想家であったばかりでなく、苦しみの中から立ち上がろうと懸命に生きている多くの人々の人生を支え、生きる勇気とエネルギーを与え続けてきた人だったからでしょう。

取りあげた言葉の中には、フランクル自身の言葉をできるだけそのまま忠実に訳出したものもあれば、彼の言葉を、現代の日本に生きる私たち一般の人間に伝わりやすい言葉に直して、私自身の解釈を加えて表現したものもあります。最近はやりの言い方で言えば「超訳」です。

しかし本書の内容は、フランクルの思想のエッセンスを忠実に取り出したものになっています。私自身の考えとフランクルの考えにずれがある場合には、私の考えのほうを抑制し、「フランクルであればこう考えたはずだ」「フランクルの言いたいことは、つまり、こういうことだろう」と考えて、彼の思想のエッセンスを取り出しました。

では、フランクルがその九二年間の生涯をかけて送り続けてきたメッセージとは、結局、いかなるものだったのでしょうか。

私が今、思い出すのは、次のエピソードです。

収容所生活で生きる希望を失い、「もう人生には何も期待できない」と自殺を決意しかけた二人の囚人。この二人にそれぞれフランクルは次のように問いかけたといいます。

「確かにあなたは、人生にもう何も期待できないと思っているかもしれません。人生の最後の日がいつ訪れるかもしれないのですから、無理もない話です。けれどもその一方で、人生のほうはまだ、あなたに対する期待を決して捨ててはいません。あなたを必要とする何か、あなたを必要としている誰かが必ずいるはずです。そして、その何かや誰かはあなたに発見されるのを待っているのです」

この言葉を聞いて二人の囚人は自殺をとりやめたといいます。

ある囚人は外国で自分との再会を待っている子どもがいることに、また別の囚人は、ある科学の著作シリーズが自分の手によって完成されるのを待っているということに気づいたからです。

「どんな時も人生には意味がある。あなたを必要とする何かがあり、誰かが必ずいて、その何かや誰かは、あなたに発見され実現されるのを待っている」
――このような思いほど、私たちの生きる勇気とエネルギーを掻き立ててくれるものはありません。

フランクルの言葉は、実に半世紀以上にわたって、人生に絶望しかけた多くの方の魂を鼓舞し続けてきました。生きる勇気とエネルギーを与えてきたのです。

01

ひたひたと押し寄せてくる、慢性的な空虚感から目を逸らしてはならない

「何か」足りない、「どこか」むなしい

私は心理カウンセラーです。これまでにいろいろな方の悩みをうかがってきました。

そのなかには、次のように言われる方もいました。

「これまでいろいろな仕事をやってきたけれども、どの仕事をしていても、なんだか物足りないし、むなしい……。心の底が満たされないんです」

ご家族の問題や夫婦関係の問題をお話しになる方もおられます。

「夫婦でまったく会話がないわけではないんです。子供ともそれなりの心の交流はあります。けれども、どこかほんとうに心が結びついている感じはしないんです」

そんな訴えをカウンセリングのなかで話していかれる方が、とても多いのです。

お仕事の問題、ご家庭の問題、あるいはお子さんが不登校になった……そういった様々な心の問題についてお話をきかせていただいているうちに、私

は何かそこに共通するものがあるのではないか、と感じ始めました。

それは、「何か具体的なかたちをとるわけではないけれど、漠然とそこにある空虚感」のようなものです。

生きていること自体に漠然とした「疲れ」のようなものを感じておられる方が増えている、と言っていいかもしれません。

具体的な問題で悩みながらも、その背景に漠然としたむなしさや満たされなさを抱えて生きている。そんなふうにも言えるかもしれません。

こういった漠然とした空虚感、「何かむなしい」「どこかこのままではいられない」……そういった「むなしさ」の感覚について、この本で取り上げるオーストリアの精神科医ビクトール・フランクルという人は、「実存的空虚」と命名しました。

「実存」というのは、人間の生々しい存在そのもの、といったニュアンスの言葉です。

人間の生々しいリアルな存在、現実存在ですね。この「現実存在」の真ん中の二文字をとって「実存」と呼ぶのです。

例えば何か仕事に失敗したとか、さまざまな人生の問題を抱えている、そんなこともちろんあるわけですが、しかし、その背景に漂っている漠然とした「空虚感」それが、「実存的空虚」です。

何かに不満があるわけではない。

飛びぬけて幸せだとも思わないけれども、自分のことを特に不幸せだとも感じない。

人並みには幸せな人生を送れていそうな気もしている。

けれどもその一方で、何かが足りない。

どこかむなしい。

満たされない。

つまらない。

「心の底から満たされる何か」がない、と心のどこかでいつも感じている。

でも毎日が退屈で何もすることがないのか、というと、そうでもないのです。

今は手軽に楽しめるものがたくさんありますね。かつては映画館まで行かなければ映画を観ることができなかったのが、会社の帰りに駅の近くにあるレンタルDVDショップに行けば、手軽にいろんな作品を家で観ることができます。

町を歩けば魅力的な商品がたくさん並んでいます。そんな中で、もし気を紛らわせようと思えば、気を紛らわせることができる「ちょっと楽しいこと」はいくらでもあるわけです。

現代を生きる私たちは、気を紛らわせることには事欠きません。けれどもそうしつつも、その一方でやはり何か物足りない。本当に心の底から満たされているという実感がない。

そんな心のどこかでむなしさを覆い隠せないような毎日が、ただ、どこまでも繰り返されていくわけです。昨日も、今日も、明日も……。

それがずっと続いていって、「私のたった一度きりの人生が終わってしまっていいんだろうか」「人生って、こんなものなのか」「こんなふうに毎日が続いていって、そして終わってしまうのだとすると、私の人生って、何だったのだろうか……」

そんなふうに、心のどこかで時折感じながら生きている人が、少なくないのではないでしょうか。

「誰か、私を引っ張って」

黒沢清監督の『トウキョウソナタ』という映画があります。私にとってはここ数年で一番心が動いた映画で、ぜひとも皆さんにも観ていただきたいと思っています。この作品は、東京在住の、ごく一般的な家族の内側で静かに進行していく崩壊のプロセスを描いた映画です。

ご主人は奥様には内緒にしているけれど、リストラをされている。長男はひとり決意を固めて、アメリカの軍隊に志願しようとしている。小学六年生の弟は、給食費を月謝に使って、秘密でピアノを習っている。

いろいろな問題はあるけれども、なんとか成り立っているように見えるご家庭。ただみんな、自分のことでせいいっぱいで、バラバラなんですね。

そんな「一応形はなしているけれど、実はバラバラ」な家族を象徴している場面がありました。

小泉今日子さんが演じる母親が、ある日ドーナツを作るんですね。そして、ご家族に「お菓子できたわよー、食べなーい?」と呼びかける。それに対して、ご家族は反応すらしない。結局、一口も食べてもらえません。

そのときに母親は、ひとりになった静かなリビングで、ソファーに寝っ転がり、両手をのばして、ひとこと、こうつぶやきます。

「誰か、私を引っ張って……」

お菓子を作っても、誰にも食べてもらえない。関心すら示してもらえないのが当然のようになっている。

こんな毎日の繰り返しに、一体どんな意味があるというのだろう。そんな「声にならない叫び」をあげたくなる日常の中で、どうしようもないむなしさや空虚感が蓄積されていって、ずっぽりその中にうまってしまって、そこから抜け出すことはできないような感覚に苛まれている。

社会学者の宮台真司さんが言う「終わりなき日常」……。つまり、どこまでも、ただこの平坦で空虚な毎日が繰り返されていって、終わりが見えない。

この空虚な毎日は果てがない。自分が、無意味な日常の中に包囲されている。この日常から逃げ出すことは不可能なように思える。

そこで、この母親は、「誰か、私を引っ張って」と静かにつぶやくわけです。

現代人が漠然と抱えている空虚感が象徴されているシーンです。

日常の中で、登場人物の誰もが自分なりには一生懸命もがいている。お子さんも、ご主人も。なんとかこの毎日を少しでも充実したものにしたいと思っている。けれども、どこまでいっても、「終わりなき日常」の反復の「外部」に出ることはできない。じわーっと浸透してくるような、真綿で首をしめられていくような、切ない苦しみがそこにはあるわけです。

こんな、現代人が抱える、慢性的な「理由なき空虚感」を、ビクトール・フランクルは「実存的空虚」と呼んだわけです。

二つの「実存的空虚」

フランクルは、実存的空虚を二つの種類に分けて説明しています。

一つは「急性型の実存的空虚」。

これは、それまで意味があると信じていたものが、突然、無意味としか思えなくなってくるようなケースです。

たとえば、ご主人の方は「私たち夫婦は本当にうまくいっている」と思い込んでいたのに、奥様から、ある日突然、「あなた、私は離婚しようと思っています」と切り出されて、慌てふためく。

こういう熟年離婚のシーンを、ドラマなどで目にすることがあると思います。自分で信じていたものが、突然崩れていくわけです。

あるいは、「この子を育てることが私の生きがいだ」と、子育てに全身全霊をかけてきたお母様がおられて、そのお子さんがある日、突然交通事故にあってしまった。すると、もう一体私は何のために生きていけばいいんだろう、と途方に暮れてしまう。

あるいは、「この研究を成し遂げることが私の人生の意味、目的である」「私はこの研究をするために生まれてきたんだ」と思っている研究者がいたとします。けれども、あるときに学会誌を見ていたら、自分が十年かけて実現しようとしていた研究の結果が、もう発表されていることに気付いてしまった。その瞬間にその研究者の心の支えは一気に崩れ落ちていくわけです。このようにして、自分がそれに自分自身の存在の意味をかけていた、その「何か」が突然崩れ去ってしまう。それによって生きる支えを失ってしまうわけです。これが「急性型の実存的空虚」です。

それに対して、この章でとり上げていた日常的な空虚感、『トウキョウソナタ』で、「誰か、私を引っ張って」とつぶやいたあの母親に象徴される蓄積された空虚感が、「慢性型の実存的空虚」です。

つまり、妻が突然いなくなったから寂しい、とか、子供が突然いなくなって眼の前が真っ暗になった、といった、突然の絶望ではなくて、ヒタヒタヒタヒタと押し寄せてくる日常的な空虚感ですね。

理由はわからないけれども、何かむなしい、どこかもの足りない、満たされない……。

自分でなんとか日々を充実させようとして、スケジュールは完全にうめている。けれども、日常生活を続ける中で、こんなことの繰り返しに一体どんな意味があるんだろう、と思ってしまう瞬間。

こういう空虚感が現代、多くの人の中にはあって、じつは、それが引き金となって、うつ病になってしまわれる方や、自殺を考え始める方も決して少なくないのです。

皆さんいかがでしょう。心の中にどこか、そういう空虚感はないでしょうか。あなたの心の中には、そういった理由のない、ぽっかり空いた「穴」のようなものは存在していないでしょうか。

少し立ち止まって、ご自分の内側を見つめていただきたいと思います。

ご自分の内側に空虚感が存在している。今の自分は、理由のないむなしさに囚われている。もしあなたがそのようにお感じになったとしたら、あなたの心の奥で口を開けている「穴」の存在をしっかりと見つめることからしか、何も始まらないのです。

自分の内側にある「理由のないむなしさ」を見つめること……。そこからすべてが始まるのです。

まとめ

私たちの多くは、時折、理由のないむなしさ、「何か足りない」「満たされない」といった「実存的空虚」に囚われてしまっています。まずはご自分の心の中で口を開けている「穴」の存在を見つめることから始めましょう。

そのことから、あなたの自己探求の第一歩が始まるのです。

02

幸せは、求めれば求めるほど逃げていってしまう

人はなぜ悩むのか

仕事がうまくいかない、いい恋愛ができない、どうしたら結婚にたどり着けるかわからない、子育てがうまくいかない……。

人間には、生きている限りありとあらゆる悩みがつきまといます。生きることは、すなわち、迷い、悩み続けることだと言ってもいいくらいです。

さて、人はなぜ悩むのでしょうか。

それは、「まったく悩みのない状態」を望んでいるからです。

ではなぜ、悩みのない状態を望むのかというと、「幸せになりたいからです」と多くの方は答えるでしょう。

カウンセラーとしていろいろな方の相談を受ける中で、多くの方が「自分の幸せ」を切実に求めていることが伝わってきます。「どうやったらもっと幸せになれるんだろう」と、思い悩んでいるのです。

「幸せになりたい」という、人間に共通の願いが、さまざまな悩みの根底に存在しています。みんな実にさまざまな悩みを抱えているけれども、幸福になりたがっている、幸せになりたがっているという心の底の思いは共通しているのです。そして、その幸せが手に入らないからこそ、皆さんは、悩んでいらっしゃるわけです。

何とかして幸せになりたいというのが、多くの人の共通の願いです。

また、「幸せになりたい」という万人共通の願いがあり、けれども幸せになれないから悩んでいる、どうやったら幸せになれるのだろうと悩んでいる方が多いからこそ、私たち心理カウンセラーという仕事が成り立つのだともいえます。

心理カウンセラーだけではなく、キャリアコンサルタント、コーチング講師など、幸福のサポーターのような仕事につきたいと志願する人が多いのも、みんな幸せになりたいという願いを持ちながらも、それがなかなか叶えられないことを知っていて、だからそのお手伝いをしたい、と願う人が少なくないからでしょう。

ところで、私はこれまで、「人生の意味」や「人生の目的」についてさまざまな本を書いてきました。（『人生に意味はあるか』講談社現代新書、『生きていくことの意味』ＰＨＰ新書など）

また、このテーマについて、他の方が書かれたたくさんの本も読んできましたが、「これが生きる意味、人生の目的なのだ」と明快に答えられている本は、なかなかありませんでした。そして、それが当たり前のようにも思えます。私たち自身が人間だからこそ、人間の生きる意味や目的について究極的な答えは手に入れようがない、とも言えるからです。

しかし、それでも、こうしたテーマについて書かれた本の著者は、自分なりに精一杯この問題について考えています。そして、私がこれまで読んだ本の中に、最も多く出てきた答えが、「人生の目的は幸せになることだ」「生きる意味は、幸せになることにある」というものでした。それは著者たちが、「人間共通の根本の願い」は「幸せになること」だと、直観で知っているからだと思います。

それほど多くの人が、ごく自然に、幸せを願っているわけですけれども、幸せになれているかというと、なかなかそうはなれていない。

私たち現代人は、物質的にはかなり恵まれた状況に置かれているはずです。誰もが自分は幸せになりたいと願い、自分なりの努力もしているはずです。

しかし、ふと気付くと、生きるのがむなしく感じられてしまう……。何か足りない、どこか満たされないという気持ちに囚われてしまうのです。

そこそこの幸せを手に入れたつもりでいても、いつの間にか自分の状態が幸せとは思えなくなってしまう。自分はものすごく幸せと感じていたのが、いつの間にかその状態をごく当たり前のこととしか感じられなくなって、幸せの実感を得ることができなくなってしまっている人もいるでしょう。

つまり、自分では一生懸命幸せを求めているし、幸せを手に入れることができたような気もしていたのに、いつの間にかその幸せが指の間からスルリと逃げ去っていってしまうことがあるわけです。

これは一体、なぜなのでしょうか。

なぜ、心の底から満たされないのか

これに対する一つの答えは、「私たちの欲望に際限がないから」ということだと思います。

あれが欲しい、これが欲しい。あの車が欲しい、ああいう家が欲しい。地位が欲しい。大学の研究者になりたい、自分で起業して、小さな会社でもいいから社長になりたい。

名誉が欲しい。人から羨《うらや》ましがられるような地位や名声が手に入ればどんなに幸せだろう。

恋愛がしたい。もっと異性にモテたい……。

このように、私たちの心の中に常にいろいろな欲望がうずまいています。「人間の欲望」のたちの悪いところは、どこまでいっても果てしなく湧いてくるところです。その手のすべての欲望を完全に満たしきることは、ほぼ不可能です。

ある欲望を満たした途端に、必ずすぐに次の欲望が生まれてきます。もっとあれを、もっとこれをと、必ず何かが欲しくなってくるものです。

そのため、いったん自分の幸福を求め始めた人間は、どこまでいっても心の底から満たされることはありません。何か足りない、どこか満たされないという欠乏感を常に感じてしまうのです。

誰もが自分の幸せを願っている。そして、それをたとえば名誉や、物質や、お金によって求めることができると信じてしまっています。

けれど、どこまでいっても、何を得ても、欲望に限りがなければ行きつく先はありません。

それでは、なぜ、欲望には際限がないのでしょうか。

それは、「欲望こそが現代社会を成り立たせている一つの本質だからだ」と言うことができるでしょう。

現代社会は情報社会と言われます。それは、情報というものによって欲望を自由に作りだしていくことができる社会です。

例えば、「今はこのタレントがすごい」、「この商品がすごい」、「これをやっていないと時代遅れである」といったイメージの情報を、ある人が作って流します。そのイメージで欲望を作りだしていくわけです。

これがないと食べていけない、これがないと生活できないといった自然の欲求から生まれてくる欲望ではありません。人間の欲望の多くは、情報によって産出された欲望です。

情報を流すことにより生み出すことができる欲望に、私たちは翻弄されながら生きていると言っていいのではないでしょうか。

それを満たすことが本当に必要かどうかにかかわらず、これが欲しい、それがないと落ち着かないというような欲望を、情報イメージによってつくりだすことができるのが現代社会なのです。

次々と生み出されていく情報や商品により、私たちの欲望は絶えず刺激され、肥大化し、膨張し続けていきます。その中で欲望ゲームの虜《とりこ》となってしまった現代人は、どこまでいっても欲望を満たそうとし続けるほかなくなってしまうのです。

その結果、いつも、何か足りない、満たされないという欠乏感につきまとわれることになってしまいます。

物質的に満たされているはずの私たち現代人の心が乾ききっているのは、このことも大きな影響を与えているのです。

幸福のパラドックス

もちろん、「幸福になりたい」「自分は幸せでいたい」という願いは一見疑いようもなく正しく、誰からも侵害されるべきではない正当な願いです。

みんな幸せになりたいと思っていい。これはごく当たり前のことです。すべての人に、自分の幸せを求める権利が与えられています。

しかし、自分の幸せを望んで、それを追い求めすぎてしまうと、結局どこまでいってもそれを手に入れることができないという結果をもたらしてしまいます。

果てしない欲望ゲームの虜になって、絶えずむなしさ、満たされなさを逆に抱え込まざるをえなくなってしまうのです。

つまり、「永遠の欲求不満状態」に置かれてしまうわけです。

古くから哲学者たちは、幸せは追い求めればスルリと逃げ去ってしまう、ということを見抜いていました。これを「幸福のパラドックス」と呼び、その罠《わな》に陥ることがないように戒めてきたのです。

だからこそ、仏教などのさまざまな宗教も、自分の欲望への囚われから、「解脱《げだつ》」する、抜け出ることができなければ、苦しみから解放されることはないと言ってきたわけです。

自分の幸せを追い求める人間は、どこまでいってもそれを手に入れることはできないという「幸福のパラドックス」——これは、古くから伝えられている人間の心の秘密を指しています。

フランクルも、この幸福の逆説性、自分の幸せを求めるとそれは逃げていってしまうという矛盾について深い洞察に達していました。

例えば、「幸福の追求は幸福を妨げる」「幸福の追求は自己矛盾である」とフランクルは言います。

幸福を追求することはできない。

幸福を意識することによって、人は「幸福になるための理由」を見失ってしまう。

すると、幸福それ自体が消えていかなければならなくなる、とフランクルは言うのです。

私たちは、幸福を獲得しようとすればするほど、それを獲得できなくなるというわけです。

実は、このことは幸福だけに当てはまるのではありません。

快楽、自己実現、健康、至高体験……いずれも同じこと。

なんとかして快楽を得よう、なんとかして健康を得ようと求めすぎてしまうと、それが手に入らなくなってしまうという逆説的な性格をはらんでいるのです。

幸せになりたいというのは、誰から見ても疑いようもなく正しい願いであるに違いありません。

しかし、「自分の幸福を望んでそれを追い求め始めた人間は、結局、自分の望みどおりの幸福を手に入れることはできなくなるはずである。人間の心はそのようにできている」とフランクルは言うのです。

それでは、どうすればいいのでしょうか。

「幸せになろう」「幸福を手に入れよう」というこだわりを捨てて、自分に与えられているなすべきこと、実現すべき使命に全力で取り組むこと――これが唯一の解決方法だとフランクルは考えます。

そうしているうちに、しかるべきときが来れば、人は自ずと幸せを手に入れることができるはずだ、というのがフランクルの考えです。

もし、「幸福になる理由」が存在すれば、自然発生的かつ自動的に幸福は結果として生まれてくるはずだ。このことが、人間は幸せを追求する必要がないということの理由なのです。

幸福のパラドックス――これは大変深い知恵だと私は思います。

自分が、ああなりたい、こうしたいと求めすぎるのをやめて、我を忘れて何かに無我夢中で取り組むこと。そのことで、人ははじめて、幸せの実感を手にすることができるのです。

幸せは、求めれば求めるほど逃げていく。
快楽も、求めれば求めるほど逃げてしまう。

結局、幸せや快楽それ自体を追求し始めると、その対象そのものがスルリと逃げ去ってしまうという不思議な法則が人生にはあるわけです。フランクルはこのことを教えてくれているのです。

まとめ

誰にでも、幸せになりたいと願う権利が認められています。しかしあまりにも幸せを求めてもがくあまり、欲望ゲームの虜になってはいけません。
幸せとは、結果として自然と手に入るものであり、求めすぎれば逃げてしまうものなのです。

03

我を忘れて誰かのために何かを行う。
そのことではじめて人間は真の自分を発見するのだ

自己実現している人の特徴

心理学者のマズローは、自己実現している人間の研究で有名な心理学者です。マズローによると、自己実現している人間、すなわち、社会的に見てもたいへん成功していて、自分自身も本当に満ち足りた人生を歩んでいる人に共通している特徴は、「自己超越性」だといいます。

この「自己超越性」とは何かというと、平たく言えば、「自分に関心がない」ということです。つまり、私はこうしたい、私はこうありたい、私はこれが欲しいといった「私」へのこだわりがない、ということです。

例えば、巷《ちまた》によくある自己啓発本に、「なりたい自分になる心理学」とか、「なりたい自分になるための方法」とか、そういった類《たぐい》の本がよくありますけれど、こうした「自分」へのこだわりを強くしてしまうと、自己実現はそれによって不可能になってしまう。「なりたい自分」になろうなろうとすると、「なりたい自分」は去っていってしまうわけです。

もちろん、「どんな自分になりたいのか」、「どんな人生を生きていきたいのか」と、自分の内側を見つめ、心の声を聞いていくことはとても大切です。これを内省といいますが、内省的に自分の内側を見つめること、自分が本当にしたいことは何かと考えることは、とても大きな意味を持っています。

しかし「なりたい自分」に囚われてこだわり過ぎてしまうと、「なりたい自分」がかえって遠ざかってしまうことはよくあります。


よく「個性」と言いますが、個性とはいったい何でしょうか。

人はよく、「個性的な人間になりたい」、「自分らしい人生を生きたい」、「自己実現をしたい」と言います。

しかし、フランクルやマズローによれば、人間の本当の自己実現や個性が発揮されるのは、「個性を発揮しよう」としているときではなく、我を忘れて何かに取り組み、無我夢中で仕事、勉強、恋愛、家族関係などに取り組んでいるとき。そんなとき、ジワッと、自ずと生まれてくるものが個性である、と言います。

「私はこうなりたい」、「私は、私は……」と言っている限り、自己実現や幸福は逃げ去ってしまう。そこを勘違いしてしまうと、「自己実現病」とも言うべき、喜劇的な事態が生じてしまうわけです。

あるハローワーク職員の方がおっしゃっていましたが、「私は自己実現をしたいのですが、どんな仕事に就けばいいでしょうか」と相談に来た若者がいたそうです。

それは人に訊《き》いてわかるものではありません。

適性検査をしてわかるものでもありません。

適性検査では、「あなたにはこういう適性がありますよ」ということならわかるけれども、いわゆる自己実現ができたり心の満ちた状態になれたりする職業というのは、性格が向いているかどうかだけでは何とも言えないところがあります。

好きなことに無我夢中で取り組んでいると、経済的な報酬は少なくても、心が本当に満たされるということがあります。

現代人は、自意識過剰になりがちです。

というのも、自分がどうなっていたいか、と考えて、「自分は、自分は」と囚われてしまっているうちに、自分がますますわからなくなって、幸せが逃げ去ってしまうのです。

では、どうすればいいのでしょうか。

フランクルもマズロー同様にこの問題の答えを、人間に本来備わっている「自己超越性」という特質に求めます。
ではフランクルの言う「自己超越性」とはどのようなものでしょうか。
フランクルは次のように言います。

——環境に閉じ込められた動物と違い、人間は「世界」を「持って」いる。いずれの環境をも突き破って、世界そのものへと向かっている。

『苦悩する人間』

人間はまず、動物とは異なり、種に固有の環境に閉じ込められてはいませんと言っているわけです。
フランクルは、人間の本質についてこのように考えなければいけないとも言っています。

——人間の本質学は、世界と超世界とに向かって開かれていなければならない。人間の本質学は、超越への扉を開いたままにしておかなくてはならない。

（同右）

「超世界」というのは耳慣れない言葉ですが、ここでは、世界を超えた「向こうの次元」のことだと言っていいと思います。

つまり、「目に見える世界を超えた、向こうにある見えない次元」にまで開かれていることが必要だと言うわけです。

フランクルはこのようにも言います。

実存の本質は自己超越にある。実存は、それが、それ以外の何かを指し示す程度においてのみ真の実存となる。……（中略）……逆説的ではあるけれども、人は何者かのため、誰かのため、すなわち大義のため、友人のため、神のために、自分を失う地点に達してはじめて、真の自分を発見するのである。

『心理療法と実存主義――ロゴセラピー論文集――』

とても重要なところだと思います。誰かのために何かをする。もう自分を見失うほどに、誰かのために何かを行う。そのことではじめて、人間は真の自分を発見するのだと、フランクルは言うわけです。

「我思う、故に我あり」は正しくない

こうした考え方、理性的な自我を人間の存在の根本に見据えたのは、デカルトです。

デカルトは、有名な「コギト・エルゴ・スム（我思う、故に我あり）」という言葉を残しました。

つまり、「私が存在していると言える理由は何だろうか。私は、今こうして考えているではないか。考えているということが、私が今存在していることの確かな証拠なのだ」とデカルトは言うのです。

しかし、フランクルは言います。

自分自身への道は、外の世界へと続いている。すなわち人間は、自分自身を他者の内に見出すのである。このように考えると、デカルトの「我思う、故に我あり」という考えは間違っていると言わざるを得ない。なぜならば、私たちは本来、「我思う、故に我あり」と言うことはできず、単に「我思う、故に

〝あるもの〟あり」とだけ言えるからである。

『神経症の理論と治療』

ここでフランクルが言っているのは、次のようなことです。

人が何かを思ったり考えたりする時に、決まって、自分のことを意識しているわけではない。むしろ、自分のことを忘れて何か大切な人のことや、大事なことを考えている。そのときにはもう「我」はなくなってしまっている。したがって、決して「我あり」というようには意識はいかないはずだ。何かを思ったり、考えたりすることで存在が証明されるのは、「私」ではなく、むしろその考えている「何か」なのだとフランクルは言うわけです。

言い換えると、思考しているときには、常に「○○を」思考しているということです。私たちは本気で物事を考えるときに、自分ということを忘れてしまっているはずなのです。

例えば、数学の問題を必死で考えているときに、「私は……」と考えてはいないはずです。数学の世界に浸り切っています。懸命に何かを考えること、懸命に何かに取り組むことのなかに「忘我」ということが既に含まれているわけです。

このあたりに限って言うと、フランクルの考え方は、西欧の思想というよりも東洋思想にずっと近いものがあるように思います。

フランクルが言っている「忘我」というのは、単に我を忘れるということではなく、自分以外の何かや誰かに向けて我を忘れることです。

自分以外の何かに本気で取り組む。自分以外の誰かのことを本気で思う。そのとき、もう「私」などという意識はない、ということです。

ここにフランクルは非常に大きな価値を見出すわけです。つまり、何かとの関わりの中で人間は生きているのだと。


例えば「自由」についてもフランクルは言及しています。

自由を強調した思想家に、サルトルという人がいます。サルトルは、「人間は、自分はどうなりたいと意識するかでどうなるかが決まる」と考えました。

フランクルは、自由をひたすら強調する実存主義の考え方にはノーと言います。

なぜならば、ただひたすら自由であるということのなかには、「何に対して」自由であるかということは少しも含まれていないからです。

一方、決断のうちには既に、何かのために決断するとか、何かに対して決断するということが含まれています。

私たちの自由な決断というのは、単なる虚無の中で行われるのではなく、「何かに対して」、「誰かを守るために」、「何かを成し遂げるために」、「何かを大事にするために」なされるものだ。フランクルはそう言うのです。

自由とは何か

そう考えると、自由とは何かということは、非常に根本的な問題になってきます。

自由とは、すべてのものから自由、という意味ではないということになります。私たちは何をしてもいいし、しなくてもいい。そんな意味の、単なる自由を与えられた存在ではないのです。

確かに私たちは自由ですが、その中には、「何のための」自由なのか、「何に対しての」自由なのかが既に含まれている。これがフランクルの考えです。

私たちは秩序ある世界の中に、その一部として今ここに置かれているわけで、だから、自分たちに与えられた自由も秩序ある世界に向けて(世界の秩序のために)使われるべきだとフランクルは言っているわけです。

このようにフランクルは、人間の自由、決断というものは、本来、「誰かのための決断」、「何かを守るための自由」であると考えるわけです。

自由とは、決して自分自身の中に閉じこもるためのものではない。

これは、現代社会に生きる私たちにとっても、たいへんな知恵を与えてくれます。たとえば、今、自由を象徴するツールとしてインターネットがあります。誰でもそれぞれの立場から、様々なことが言えるようになりました。

しかし、ネット社会の匿名性によって、秩序を守らない自由が広まっているようにも思えます。匿名だからといって、何でも言っていいわけではありません。画面のむこうには、たくさんの生きた人がいるのです。

人間は閉ざされた存在ではありません。そのことをフランクルは、自らを乗り越えて世界に開かれているという意味で、「自己超越性」と言うのです。

超越と言うと、宗教的なことを直ちに連想する方もおられるかもしれません。しかし、フランクルが言う自己超越性という言葉には、必ずしも宗教的な意味は含まれていません。自分自身を忘れて、何かのために開かれていくという意味なのです。

まとめ

人間の本質は、「自己超越性」。すなわち、自己を超えて他者や社会との関わりに開かれているところにあります。
人間の自由とは、「何かのため」「誰かを守るため」に与えられたものなのです。

04

苦悩そのものが問題なのではない。
「何のために苦悩するのか」という叫びに
答えのないことが問題なのである

悩みのない人生は幸せか

フランクルの心理学の独自性、その大きな存在理由の一つは、「苦しみの持つ意味」に焦点を当てた点にあると言っていいと思います。

金銭的な悩み、家族の悩み、職業選択上の悩み……。私たちの人生にはさまざまな悩みがつきまといます。なかには、「家族の不和」や「大きな病」のように、解決不可能のように思える悩みも少なくありません。

こうした人生のさまざまな問題に対して、多くの心理学では、悩みや苦しみを解決し除去しようというアプローチをとります。悩みや症状は、解決すべき問題である。悩みや苦しみは、人生においてなくすことができるのならばなくしてしまったほうがいいものだ、という考えがその背景にはあります。

しかし、悩みの全くない人生というものを考えてみましょう。果たして充実した人生だと言えるでしょうか。

私は、言えないと思います。

フランクルの心理学は、悩みや苦しみというものが持っている、人生における大きな意味を私たちに考えさせてくれます。

フランクルの思想のそうした側面に焦点を当てた本が『苦悩する人間』(前掲書)です。この本にはもう一つ古い訳の、『苦悩の存在論』(真行寺功訳　新泉社　1972年)があります。新しい翻訳では『苦悩する人間』となっていますが、私が青年時代を過ごした二十数年前、フランクルに最も大きな影響を受けた二十代の頃に慣れ親しんだ訳本は『苦悩の存在論』でした。

この本の冒頭部分で、フランクルはフリードリッヒ・ニーチェの次の言葉をあげています。

「……けれども、苦悩そのものが問題なのではない。『何のために苦悩するのか』という叫びに答えのないことが問題なのである」

この言葉は非常に重い意味を持った言葉だと思います。

私たちの悩み、苦しみそのものが、私たちを困らせているのではない。その悩みや苦しみが、この自分に与える意味がわからないからこそ、私たちは追い詰められていくのだということを教えてくれているのです。

言い換えると、苦悩そのものが問題なのではない。苦悩の意味、その苦悩が自分に与えられる理由がわからないことが、もっとも辛いことなのだとニーチェは言うわけです。

このことは、私たちの日常生活においても非常に大きなヒントになりうる考えだと思います。

たとえば、仕事をしていて忙しいというときにでも、「この仕事は重要だ」と感じられる仕事のためにであれば、どんなに忙しくても耐えられるし、そんなにストレスにもならない。つまり、多忙であるけれども、「多忙感」はない。

しかしその逆に、それほど忙しくなくても、何のためにこんなことをやらなきゃいけないのだというような、無意味だとしか思えない報告書の処理のような仕事が次々に押し寄せてくると、ものすごくストレスになるし、多忙が「多忙感」として感じられてくるものです。

このことは、ストレスや心の病について考えるときにも、大きなヒントになると思います。

私たちは、意味があると感じられることのためであれば、多少辛くてもそれに耐えることができるわけです。
つまり、その忙しさや苦しさ、困難さに耐えることの意味を感じることができれば、あまりストレスを感じずに耐えていくことができる。逆に、そのことに意味を感じなければ、私たちはどんどん精神的に崩壊していくということを、フランクルも、先に挙げたニーチェの言葉も教えてくれているように思うのです。

「悩むことができる」のは、一つの「能力」である

苦悩、苦しみの持つ、人間成長上の「意味」ということにはじめて本格的に焦点を当てた心理学者はフランクルでしょう。

苦悩が持ち得る意味、苦悩する能力そのものの価値、価値としての苦悩能力。こういうものについては、単純で素朴な人間も本能的に知っています。
『苦悩する人間』

私は、この言葉自体がすごく面白いと思います。苦悩する能力、悩む力が人間にとっては必要でとても価値あるものだと言ったわけです。
姜尚中《かんさんじゅん》さんの『悩む力』（集英社新書　2008年）という本が出版されて、ベストセラーになりました。あの本がベストセラーになったのも、おそらく多くの人が、「悩むことによって私たちは成長しているのだ」「悩むというのは単に悪いことではなく、人間的成長を支える一つの大きな力なのだ」ということを心のどこかで知っていたからだと思います。

そのような意味で言えば、現代人は感情をすぐ表に出して処理するようになり、否定的な感情を自分の内側で内面的に保持する力（＝悩む力）が低下してきているように思えます。子どもから中高年まで、世代を問わずに「キレる子ども」「キレる大人」が増えてきたのもそのためだと思われます。

そうです。「悩むことができる」というのは一つの「能力」（悩む力）なのです。

フランクルは、「悩む力」に真正面から光を当て、独自の理論体系を構築しました。フランクルの理論は、「苦悩する能力」に焦点をあてた理論なのです。

例えば失感情症（アレキシサイミア）という心の病があります。

――失感情症の症例では、無感情が表れます。患者が訴えるのは、苦痛をまともに感じることができない。喜びや苦しみという本来的な感情を起こせない。泣くことすらできない。ということです。

『苦悩する人間』

つまり、フランクルが診た患者さんは、喜びを感じることができないと同時に、「苦しみ」を感じることができないということを悩みとして訴える。泣くことができないということを悩みとして訴えるわけです。

フランクルは続けて、次のように言います。

いかにも逆説的に聞こえるかもしれませんが、この病気の患者は、自分がわずらっている苦悩無能力（苦しむことができないこと）に苦しんでいるのです。例えば、私が体験した症例では、ある女性患者は歯痛がないことを嘆き、訴えました。そして、虫歯を抜歯したあとでは、抜歯が痛くなかったことを嘆き、訴えました。これでわかるのは、人間が世界と感情的に交流することを失いたがらないということです。たとえ、そのために不快がもたらされる危険を冒すとしても、それを失いたがらないのです。

（同右）

つまり、人間というのは、たとえそれが苦しみや悲しみであっても感じることができないよりはまだましだ。何も感じることができないのが一番辛いと感じる生き物だということです。

私も失感情症の方の相談を受けたことがあります。その方がおっしゃいます。

「最近私は、自分の体の痛みを感じることができなくなりました。痛みすら感じることができないのが最も切ないし、寂しいのです」

苦しみや悲しみさえ感じることができない。これが人間の大きな苦しみの原因になるわけです。つまり、悲しみや苦しみ、例えば、私たちが失恋をすると辛いですね。それから、桜を見たら「美しいな。春が来たなあ」と感じます。嬉しいことがあれば嬉しいと思え、苦しいことがあれば苦しいと思える。これが人間の生きている感情なわけですが、失感情症の存在は、こうした心の動きが一つの「力」であり、「喜ぶ力」であると共に「苦しむ力」や「悲しむ力」であることを教えてくれます。

失感情症になる前は、嬉しいことを嬉しいと思えると同時に、苦しいことは確かに苦しかった。しかし、失感情症になってしまうと、苦しみがない代わりに喜びもない。それは無味乾燥であって、こんなに無味乾燥であるならば、まだ苦しみがあったほうがマシだと思える。それが失感情症の方の苦しみです。

痛み、苦しみ、悩み……。私たちの人生で、痛みや苦しみが襲ってくるとき、早くこの痛みや苦しみが取り除かれればいいと考えます。そして、それが大きな喜びに変われればいいと思います。それは間違いでなく、本当のことです。

しかし、人間にとって最も苦しいのは、苦しみや痛みさえ感じることができないことなのだということを、フランクルは失感情症を例として教えてくれるのです。

そしてそのことを通して、「苦悩する力を持っている」＝「苦悩する能力」という点に人間存在の本質を見出します。

人間の本質は「苦悩する存在」である点にある

哲学思想の世界では、古来、人間の本質をさまざまに定義してきました。

例えば、「考えることに人間の本質がある」→「人間は理性的な存在だ」というようにです。あるいは、「何かを制作できることに意義がある」→「人間は制作する存在だ」、「ほかの動物は遊ぶことはできない。遊ぶことに人間の最も大きな存在理由がある」→「遊戯する存在」といったようにです。また、別の哲学者は、「労働することに最も大きな人間の存在理由がある」→人間は「労働する存在」であると考えました。

それぞれの哲学者は、人間を定義するうえで「理性的存在」と言ったり、「制作する存在」と言ったり、「遊戯する存在」と言ったり、「労働する存在」と言ったりしてきました。つまり、理性、制作、遊戯、労働、さまざまな点に人間の本質を追い求め、その点に着目して人間の本質を定義してきたのです。

これに対して、フランクルは「苦悩する存在」という概念を対置します。理性や知性に人間の本質はある、という考えから、人間は、「ホモ・サピエンス（＝知性人）」と呼ばれています。これに対して、フランクルは人間の本質はむしろ、「ホモ・パティエンス（＝苦悩する人間）」である点にあるというのです。

つまり、人間の本質を最も端的に示すのは、理性や知性ではない。ホモ・サピエンスということは、理性や知性に焦点を当てた人間の定義である。それに対してフランクルはホモ・パティエンス、苦悩する存在、苦悩する人間という定義を打ち出すのです。

この敢然さ、この苦悩への勇気——これこそが重要なのです。苦悩を引き受けること、運命を肯定すること、運命に対して態度をとることが大切なのです。この道を歩んでこそ、私たちは真理に近づき、真理の近くに来るのです。それは、この道を歩んでこそできることであって、苦悩を恐れ、苦悩から逃げる道をとってはできないことなのです。

『苦悩する人間』

人間がある辛い運命に置かれたことそのものが苦しみを生み出すのではなくて、その運命を敢えて引き受けること、自分の苦しい運命を「よし、私はこういう人生を生きていこう」と、苦しむべき運命を受け入れることに大きな意味があると言うわけです。

マゾヒズムとの違い

ただ、このように、「苦悩することが人間の存在理由なのだ。苦悩には大きな意味があるのだ。苦しむことは大切なことだ」などと言っていると、「それは、もしかしてマゾヒズムのことじゃない？」と疑わしく思う人がいるかもしれません。

「苦しむことが好きだというのは、ほとんどマゾヒズムだ。少し変わった考えだ。穿《うが》った見方にすぎないのではないか」というように考える方もおられると思うのです。この点について、フランクルは、次のように言っています。

苦悩を志向できるためには、私は苦悩を超越しなければなりません。言い換えれば、苦悩を志向し、有意味に苦悩することができるのは、何かのため、誰かのために苦悩するときだけなのです。つまり、苦悩は、意味で満たされるためには、自己目的であってはならないのです。自己目的になった途端に、どんな苦悩への覚悟、犠牲への覚悟も、すべてマゾヒズムに転化してしまうでしょう。意味に満ちた苦悩とは、「何々のため」の苦悩なのです。私たちは、苦悩を受容することによって、苦悩を志向するだけではなく苦悩を通り抜けて、苦悩と同一ではない何かを志向するのです。私たちは苦悩を超越するのです。

意味に満ちた苦悩は、いつでも苦悩そのものを超越した何かに向かっています。意味に満ちた苦悩は、私たちが「そのために」苦悩する、その当のものを指し示しています。

『苦悩する人間』

つまり、フランクルが人間の本質を苦悩に見出すというときに、ただ単に苦しむことに意味があると言っているのではありません。

ただ単に苦しめば、それでいい。苦しむのが好きということになってしまうと、それは本当に倒錯したマゾヒズムということになってしまいます。

今紹介した部分に示されているように、フランクルは、何のために、誰のために悩むのか、つまり「何かのために」悩む、「誰かのために」悩むということが、苦悩において最も重要なことであると言うわけです。これが非常に重要な点です。

「どのように苦しむか」が重要

さらに一番重要なのは次の点であると言います。

自分に課せられた苦悩をどのように引き受けるか。「どのように」苦悩するかにこそ、「何のために」苦悩するかという問いに対する答えがある。

『苦悩する人間』


私たちが何のために苦悩するのか。

苦しみは何のためにあるのか。

人生において、これほど辛い出来事が何のためにあるのか。

つまり、苦しみの意味は何か。

こうした問いに対する答えは私たち自身がどのように苦悩するのかということのうちにすでに答えが示されているというわけです。

続けて、このように解説します。

すべては姿勢に、苦悩に対する態度にかかっているのです。もちろん、その苦悩は、運命と呼べる必然的な苦悩でなければなりません。そのような苦悩だけが、意味を実現できるのであり、態度価値（筆者注：後述）の実現を可能にするのです。

苦悩する人間が、「どのように」苦悩するかによって、「何のために」苦悩するか、という問いに対して出す答えは結局無言の答えです。

（同右）

フランクルは決して、いつも悩んでばかりいて、暗い顔をしている人が素晴らしいと言っているわけではありません。

いつも眉間にシワを寄せて、「人生は難しい」と語っている、いつも鬱々として暗い表情をしている人。そういう人が、ときとして重厚な人と勘違いして受け取られることがあります。フランクルはそういう、「気難しい」人を称賛しているのではありません。

そうではなくて、どうしようもない悩み――。自分の人生のなかで、これは引き受けざるを得ないという悩みに直面したときに、それから逃げず、敢然とそれを引き受ける。その苦悩の引き受け方にこそ、苦しみの意味はかかっている、というわけです。

つまり、人間が悩み、苦しむことの意味は、自分の人生に与えられた運命とでも言うべきものに対して、どのような姿勢で向かい合うかにかかっている、というわけです。

「プチ不幸症候群」になっていませんか？

このことに関して、警鐘を鳴らしたいことが二つあります。

一つは、ちょっと悩んでいるぐらいがちょうどいい、とか、ちょっと苦しみがあるぐらいがちょうどいい……というような価値観に対してです。最近の若者たちには、「自分はとても幸せだ」と人に言うことに対して大きな抵抗があるようです。

例えば、「最近どう？」と聞かれて、皆さんはどのように答えるでしょうか。

「私？　すごく幸せ。最近、調子いいんだ」と言う人は、あまりいないのではないでしょうか。「まあ、なんとか大丈夫」というくらいが程々で、ちょうどいいと感じる人も少なくないと思います。

私はこれを「プチ不幸症候群」と呼んでいます。

あまり重たい悩みを持っていると言うと、周りは引いていくかもしれません。「俺、最近辛くて、もうやっていけない……」などと相談すると、最初は話を聞いてくれるかもしれませんが、いつもいつもそう言っていると、次第に避けられ始めるかもしれません。かといって、いつも「超ハッピー」という状態がいいかというと、あまりいつも元気が良すぎても周りが引いてしまう気がする……。そこで「まあまあかな」などと言いながら、程よい距離感を保つことができているのがちょうどいいと感じているからです。

あまり調子が良すぎてもよくないし、逆に悪すぎてもよくない。いつも程々で、「プチ不幸」なぐらいがちょうどいい。こういう感じがあるように思います。

私は、この「程々感」もまあ、わからない気がしないでもありません。そうやってうまく自分を守っているようにも感じられるからです。

しかし、フランクル的に考えると、こういったプチ不幸症候群の一番の問題点は、そうやっていつも「程々に」しか自分と向き合わないでいると、癖がついてしまって、大事なときに本気で自分と向き合えなくなってしまうことです。いつも「プチ不幸」を装って自分をごまかしているうちに、本来悩むべき悩みときちんと向き合わずに日々を過ごしてしまう習慣がついてしまうことを、フランクルはよしとしないのです。

しかしまた、フランクル心理学の視点に立てば、何でも肯定的に考えるような、いわゆる「ポジティブシンキング」に対しても批判的にならざるをえないはずです。

ポジティブシンキングをし過ぎる人は、心の健康度が低いというデータもあるようです。いつも「大丈夫」「私はＯＫ」と自分に言い聞かせることで、自分の問題から目を逸らす習慣が身についてしまい、それによって、「心の耐性」が弱くなってしまい、ちょっとした人生の壁にぶつかっただけでメンタルヘルスを崩すようになってしまうのです。

何でもかんでも前向きに考えていれば運気が前向きになるとか、ご機嫌でいれば、あなたの周りにもご機嫌な人が集まるとか、軽いポジティブシンキングもたまには悪くないけれども、いつもそれでやっている人は、実は、自分の悩み、苦しみ、不安や絶望と直面したくないと思って、それを回避しているわけです。

苦しむべき苦しみを本気で苦しむこと。悩むべき悩みを本気で悩むこと。

そのことが、現代においては非常に重要な意味を持っていると思います。

それを避けて、何でも前向きに考えようとするハウツー的なポジティブシンキングばかりが世の中に蔓延することによって、本当に辛いことがあると、すぐポキッと心が折れてしまう。緊張を緩めるばかりで、ストレス解消とか、緊張緩和とか、そういうことばかりやっているうちに、悩み、苦しみ、痛みに弱い人間が増えてきていると思います。

もう一つは、演出された感情に簡単にのってしまう風潮です。例えば、ケータイ小説というのが、女子高生の間で流行しました。あのような作品は、雰囲気を描いている部分が大きいですね。

誰かが演出した苦しみや悲しみだと、「さあみんな、悲しくなろうよ」と言われたときだけ悲しくなる。「さあ、苦しくなろうよ」で苦しくなるわけです。けれども、ほんものの苦しみに自分一人で直面したときに、それは避けてしまう。本当の悩みは避けてしまう。既製品の悩みや苦しみ、悲しい雰囲気には簡単に持っていかれてしまうけれど……。

これは危険な風潮ですね。若い方たちの苦しむ力、悩む力を奪っていると思います。

既製品の雰囲気で感情を動かすケータイ小説などには、大衆心理を操作しようとするところがあって、乗っかるのは簡単で、「ああ、これは悲しいんだ」「これは苦しいんだ」と、答えはある程度決まっているわけです。ですから、自分で考えたり、感じたりする能力を麻痺させてしまいます。

そうではなくて、苦しむべきことは正面から引き受けてきちんと苦しむ。悩むべきことはきちんと悩むということが、とても重要なのです。

とことん悩みぬく。きちんと悩みぬく。苦しみぬくということは、私たち人間の本当の意味での成長、成熟にとってきわめて大きな意味を持っています。そうやって人格が鍛えられた人間だけが、人生の荒波に耐えていけるようになるのです。

要するに、フランクルは、自分の本来、悩むべきことから目を背けないということに重要な意味を見出すのです。

フランクル的に言うと、本来悩むべき悩みにきちんと向き合ってこそ、人生は充実するし、人間として成長していける。にもかかわらず、それから目を背けていることによって、「悩む力」が弱くなってしまい、人間として成長するチャンスを奪われてしまうのです。

フランクルはこう言っています。

苦悩とは、このように何よりもまず業績である。
『苦悩する人間』

苦しむことそれ自体が大きな仕事を果たしたのと同じような価値があるというわけです。

しかし、苦悩に価値があるのは、その苦悩が正しく毅然とした苦悩である、という条件付きでのことです。「俺は苦しい、辛いよ」と、いつもみんなに言って振り回すような苦悩ではなく、正しく、毅然とした苦悩、これは成就であるだけでなく、人間としての成長でもあるのだとフランクルは言います。苦悩を自ら受け入れることによって、私たちは成長できるのです。

運命それ自体を変えることはできません。
しかし、人はまさに苦悩によって、運命の持つ「意味」を内面的に変えて克服することはできるのです。

例えば、大きな病にかかっているとしましょう。がんのような大きな病にかかっていると。治るか、治らないかわかりません。このとき、自分ががんにかかったということを正面から引き受けることによって、人間にある種の大きな精神的な成長のチャンスが与えられます。

がんをわずらっているという悩み、苦しみから目を背けず、逆にいたずらに、「苦しい、苦しい」と弱音を吐き続けるのでもなくて、毅然とした態度で「これが私の運命ならば、引き受けよう」と、正面から引き受けることで、それが人間としての深い内面的な成長をもたらすというわけです。

フランクルが苦悩の存在に目を向けるのは、苦悩に人間成長上のこうした大きな意味があるからです。

まとめ

「悩む」ことができるのは、人間の大切な「力」の一つです。いたずらに「私は辛い」と悩み、叫び続けるのではなくて、その悩み、苦しみを毅然とした態度で正面から引き受けることによって、苦悩は人間的成長の大きなチャンスへと変わりうるのです。

05

あなたの内側を見つめるのをやめなさい。
大切なのは、あなたの心の中に潜んでいるものではなく、
「未来であなたを待っている」ものである

「考えすぎ癖」が諸悪の源

恋愛のこと、仕事のこと、家族関係のこと……皆さんが過去に思い悩んできた経験を思い出してください。

思い悩んでいたとき、あなたの頭の中は、堂々巡りをしていなかったでしょうか。

考えても仕方がないと思いながらも、ついつい考えてしまう。そういう悪循環に陥ってしまってはいなかったでしょうか。

私がさまざまな悩みを抱えている人のカウンセリングをしていて、そこで気付いた重要なことの一つは、人間の悩み苦しみの元凶は、「考えすぎてしまう癖」にあるということです。

フランクルは、人間の苦悩には大きな意味がある、と言います。私もそう思います。本来悩むべき人生の重要な問題を、正面から悩みぬくことには大きな意味があります。

しかし、往々にして私たち人間は、考えても仕方がないことを考え、悩んでも仕方がないことに振り回されて、悩み込んでしまうことがあるように思います。

これがなぜ起きてしまうのかというと、悩んでいる本人は、自分のこの悩みは切実だから、私の苦しみが大きいから深みにはまるのだと考えています。しかし、よく観察していると、悩みの内容そのものが悩みをもたらしているというよりも、考えすぎることで悩みの悪循環がさらに助長されてしまっているのです。

ですから、私は、カウンセリングのなかで次のようなことを言うことが少なくありません。

「考えるのをやめにしましょう。あなたの悩み、苦しみの張本人、諸悪の根源は、考えすぎる癖がついてしまっていることです。考えすぎ癖がついてしまっていることが、あなたが悩みと苦しみの悪循環から抜け出せなくなってしまっている一番の大きな原因です。どうすれば考えずにすむか、その方法をいっしょに考えていきませんか」

生きている限り、悩みや苦しみは、あるのが当たり前です。しかし、悩み、苦しみがまったくない状態を目指してしまう。そのことが悩み、苦しみを引き寄せてしまうというのです。

私のカウンセリングルームを訪れる人たちに、「あなたはどうなりたいのですか」とたずねると、多くの人がこう言います。「クヨクヨしないで生きたい」『悩みのない人間になりたい」と。特に、真面目で何事にも一所懸命な人ほど、こういう傾向が強いようです。

しかし、フランクルも言っていたように、悩み、苦しみというのは人間の本質です。悩み、苦しみのない人間になるというのは、残念ながら、もともと「達成不可能な目標」なのです。そして、悩み、苦しみがまったくない人間になるという「達成不可能な目標」を立ててしまうことによって、それが尽きない悩みの種になってしまうわけです。多くの人はこのことに気づかないで苦しんでいます。

私がカウンセリングでよくお勧めしているのがむしろ次のような方法です。「悩みを解決するためにがんばったり、悩みの原因をつきとめようとするのをやめて、悩みを抱えてしまっている自分の心と『上手に付き合っていく工夫』を考えていきましょう」

考えすぎる癖から抜け出す方法

フランクルがこの悩みの堂々巡りを解決する方法として提案しているのは、これとほぼ同じものです。悩み苦しむ諸悪の根源は「考えすぎ癖」にあると言いました。どうすれば、人間が考える癖から抜け出すことができるのか。その一つの提案として、フランクルが提唱しているのが、「反省除去」という技法です。

それは、絶えず自分を見つめる癖をやめるという方法。つまり、自分や自分の行為について、あるいは結果についての過剰な反省をやめるという方法です。

フランクルは、この方法が治療に有効な症状の一つとして、EDを挙げます。

フランクルは、EDの男性は多くの場合、自分の性交の能力を示そうとしすぎて、かえってその目的を達成できなくなっているか、あるいは、女性がオルガズムの能力を示そうとしすぎて、かえってその目的が達成できなくなっている、そのような場合が多いと言います。

なぜそうなってしまうのかというと、男性であれ女性であれ、「うまくエッチをしなければ」と考え始めると、愛している相手のことを思っていたはずが、自分のことに注意が向き始めるわけです。

大好きな相手のことを思い浮かべて、ひたすら相手に対する愛でいっぱいになっていれば自然とうまくいくはずなのに、そうではなくて、うまくできるかどうかということばかり気にして、自分自身に注意が向きすぎると、そこでEDが発症してしまう。つまり、考えすぎ、意識しすぎ、意識過剰がEDの大きな原因であるとフランクルは言うわけです。

EDだけでなく、いろいろなところにフランクルは現代人の意識過剰、反省過剰があると指摘しています。私は「自分過剰」と言ってもいいと思いますが、自分自身を意識しすぎるあまりに本来の目的を見失ってしまうのです。

性交の場合であれば、自分がうまくできるかどうかを意識するあまり、本来の目的である、愛する人との体を通しての触れ合いを忘れてしまう。そのことによってEDが発生してくるのです。

フランクルは、ムカデを例に挙げます。

例えば、「あなたは、足をどんな順序で動かしますか」とムカデに質問すると、ムカデはおそらく、自分がどんな順序で足を動かしていたのか考え始めた途端、足を動かすことができなくなって死んでしまうに違いない。

『意味への意志――ロゴセラピーの基礎と応用――』

「エッチがうまくいくかどうか」ばかり気にしてしまって、それで結局うまくできなくなる男性は、哀れなムカデと同じようなことになってしまっているというわけです。

では、どうすればいいのでしょうか。フランクルは、「それは簡単だ。自分を忘れろ」と言うわけです。「意識過剰から抜け出せ。考えるのをやめろ」と。

人間は、何かがうまくいくときに、「我を忘れて」「無我夢中」になります。

フランクルがここで言っているのは、多くの悩み苦しむ人は、考えすぎであり、意識しすぎである。意識過剰、思考過剰、反省過剰、「自分過剰」になってしまっているということです。そこから抜け出すためには、「無我夢中力」を取り戻すこと、我を忘れる能力を取り戻すことが大切だと言うのです。それが、現代人が自分の悩み、苦しみから抜け出す大きなヒントになる、と。

フランクルが十九歳の女性に伝えたこと

フランクルは、このことは重い心の病を抱えた人にも通用すると考えています。

十九歳の統合失調症のアンナという名の女性を例に挙げています。（『意味への意志――ロゴセラピーの基礎と応用――』）

この患者さんは、ウィーン芸術アカデミーの学生でした。

「私を困らせているのは、私の内側で起こっているのは何なのかということです」と、彼女が言います。

フランクルは、このように言います。

「考え込まないことです。あなたの悩みの根源を探ろうとしないことです。それは、私たち医者に任せればいいのです。私たちは、あなたがその危機を通り抜けられるように導きます。あなたを待っている目標はありませんか。例えば、芸術の仕事など、何か目標はありませんか。あなたの中で発酵している多くのものがあります。まだ形になっていない芸術作品、創造されるのを待っている未完成の絵などがあるはずです。あなたによって生み出されるのを待っている何かがあるはずです。そのことを考えてください」

するといると、女性は言います。

「でも、私の内側にはこんな困難があるんです」と。

フランクルは、このように言います。

「あなたの内側にある困難を見つめないでください。あなたの内側を見つめるのをやめて、あなたを待っているものに目を向けてください。大切なのは、あなたの心の中に潜んでいるものではなくて、未来であなたを待っているもの。あなたによって表現されるのを待っているものなのです。精神的な危機があなたを悩ませているのはわかっています。しかし、その悩みは私たちに任せてください。私たちに鎮めさせてください。それは、私たち医者の仕事です。とにかく、自分自身に目を向けないことです。あなたの内側で起こっていることを見つめないで、あなたに見出されるのを待っていることを探してください。

ですから、症状のことを話し合うのはやめましょう。不安神経症、脅迫神経症、それがどんなものでも、あなたがアンナであるという事実。何かがアンナを待っているという事実を考えましょう。あなた自身について考えないで、あなたが創造しなければならない作品、まだ生まれていない作品に目を向けてください。あなたがどんな人かは、あなたがその作品を作ることではじめてわかることなのです」

この考えは非常に新鮮で、しかし本質を突いていると思います。

多くの心理カウンセラーは、「あなたの内面で問題をつくり出している原因を探りましょう」と言います。「何か幼少期にお父さん、お母さんから言われたことはありませんか」「小さい頃に、あなたの悩みの原因になっているトラウマはありませんか」――このようにトラウマの「原因探し」を促していくのです。

フランクルは、こういう考え方は害悪である、と言います。悩みの原因探しに時間を費やすのはやめて、自分のことは忘れて、「自分のことを待っている何か」に無我夢中で取り組みましょう、と。

昨今、大学でもキャリア教育が重要視されはじめて、就職支援の一環として自己分析シートを書かせます。自分の特性について分析し、自分の適性について自分で考えさせるのです。

私は、これには半分意味がありますが、半分は害悪だと思っています。自己分析シートにあまり真剣に取り組みすぎると、「自分は何に向いているのだろう」と考えすぎてしまって、自分が何に向いているかますますわからなくなる。そして、「自分に向いているものは何もないのではないか」と悩み苦しみ始める若者が多くなってしまうのです。

では、どうすればいいのでしょうか。

フランクルの「反省除去」のように、自分のことを見つめるのをやめる。自分が何に向いているのか、考えすぎるのをやめて、何か興味のあることに、とにかく無我夢中で取り組んでみるのです。

そういう意味では、就職活動で一番お勧めしたいのは、インターンシップです。

とりあえず興味のある会社に行ってみて、向いているかどうかはよくわからないけれども、がむしゃらに取り組んでみる。そうしているうちに、「ああ、これは私に向いているな」とか、「これは向いていないな」というのがあとでわかってくることがしばしばあるのです。

考えすぎるな、動け。
考えすぎるな、夢中で取り組め。

考えすぎるな、前に進め――。

これが、フランクルの現代を生きる人へのメッセージと受け取っていいと思います。

まとめ

「考えすぎ癖」にストップをかけましょう。それが、あなたの悩み、苦しみをつくり出している諸悪の根源です。自分自身に目を向けるのをやめて、我を忘れて、自分が今取り組むべきことに取り組んでいきましょう。何かに無我夢中になること。それが、あなたが悩みの悪循環から抜け出す最大のポイントです。

06

たとえ一瞬でも、
どれだけ精神の高みに昇ることができたかによって
人生の価値は決まる

幸福は何によって決まるか

フランクルの幸福論にはいくつか大きな特徴があります。一つは、三十二ページでも述べた、幸福を求めれば求めるほど幸福は去っていく――「幸福のパラドックス」の考え方です。

そしてもう一つ。フランクルは、幸福を量や長さ、能力によって決まるものだとは考えません。その人がたどりつくことができた、「精神的な高さ」によって決まると考えるのです。

わかりやすく言うと、無益な人生をどれほど長く続けたところで、その人生は結局無益にすぎない。そうではなく、たとえ短くてもいい。たとえ一瞬でもいいので、「ああ、私はこれほどに幸せなのか」と思えたときの幸福レベルの高さ。どれほどの「最高の体験」を実現できたかによって人生の価値、幸福の価値は決まるのだというのです。

フランクルは、子供がいないことに悩んで相談に来た女性の例を挙げます。

今、日本は、未婚化・晩婚化が進んでいて、結婚の年齢がどんどん遅くなっています。読者の女性のなかにも、いつかは子供が欲しいと思いつつも、いつの間にか結婚や出産のチャンスを失ってしまって、「気づくと出産に相応しい年齢を過ぎてしまっていた」と悩んでいる方もいらっしゃるかもしれません。

また、結婚はしていて子供を産もうと思っていても、たまたま運悪く出産のチャンスに恵まれず、そのことで悩んでいる方も少なくないと思います。子供ができないことで悩んで、多くの時間と費用を不妊治療のためにかけている方がおられます。私も、これまで何度もそういう方の相談に乗ってきました。

そういう方が、「自分は女性として果たすべき役割を果たしたのだろうか」「女性として生まれた以上、子供を産まなかった私の人生に果たして意味があると言えるのだろうか」と悩み、苦しみを抱えてフランクルのもとに訪れたわけです。

女性「先生。私は、女性というのは子供を産み育てることに最大の役割があると思っています。でも、結局私はなぜか運悪く、子供を産むチャンスに恵まれませんでした。そんな自分の人生に意味があるとは思えないのです。私の人生をこのまま続けていって、そして死んでいったとして、果たして本当に意味のある人生だと思っていいのでしょうか」

フランクル「仮に、あなたの人生に意味がないとしましょう。子供を産まなかったあなたの人生に意味がまったくなかったと仮定します。つまり、あなたの存在理由はゼロです。そう仮定したうえで、こう考えてみてください。あなたはたくさんお子さんを出産し、育てる機会に恵まれました。そういうあなたの人生やお子さんの人生には、どれだけの意味があるでしょうか。もし、お子さんを産まなかったあなたの人生の価値がゼロであるならば、それが何乗にもなって、お子さんをたくさん出産し育てることによって何倍に膨らんでも、結局ゼロなのではないでしょうか。ゼロに何を掛けても結局ゼロなのです。もし、あなたが今の自分の人生を肯定できないのであれば、もし、お子さんを産んでいたとしても、結局あなたの人生は無意味に等しいのではないでしょうか。

さて、もう一度考えてください。あなたの人生は結局、いくらお子さんを産んだとしても無意味に等しいようなものでしかなかったのでしょうか。あなたの人生そのものには、本当に全く無意味な価値しかなかったのでしょうか」

女性「……」

フランクル「私は、そうは思いません。意味があるものは、ただそれだけで意味があるのです。意味がないものは、先ほど申し上げたように、それが何乗になって何倍になってもやはり意味を持たないのです。意味があることは、ただそのままで意味がある。あなたの人生の最高の体験を思い出してください。例えば、愛する異性と恋に落ちた瞬間。あるいは、素晴らしい山に登って雄大な自然にうっとりした瞬間。そういう瞬間にも、果たして本当に意味がなかったと言えるでしょうか。もしその瞬間に意味がないのだとすれば、たとえどんなに長く人生を続けようと、あるいは、何人お子さんを産もうと、結局、人生は無意味なのではないでしょうか。

もう一度あなたに問います。あなたの人生の最高の瞬間を思い出してください。それでも、あなたの人生は本当に意味がなかったと言えるのでしょうか」

女性「……決してそんなことはありません。確かに、あの瞬間は本当に私の人生に意味があったと、確信して言うことができます」

この瞬間から、女性が自分自身を見つめる姿勢が変わってきたとフランクルは言います。

読者の皆さんも、自分の人生の最高の瞬間を思い出してみてください。その瞬間に本当に意味がないと言える人など、まずいないと思います。そして、その瞬間に意味があるのであれば、たとえあなたの人生がどんなに短かろうと、たとえ、どんなにお子さんを望んでいるのに子宝に恵まれなくても、そのことによってあなたの人生に意味がなくなるということはないのです。

至高体験とは

では、「人生の高さ」は何によって決まるのでしょうか。

フランクルは、マズローという著名な心理学者との対話のなかで、このことについて言及しています。マズローは、自己実現について研究したことで有名な心理学者です。対話のなかでフランクルは、幸福について行ったのと同じような議論を自己実現についても行います。

自己実現は人間の究極目的ではないし、第一の意図でもない。自己実現は、それ自体を目的とするなら、人間の自己超越的な性質と相反する。自己実現は、本来一つの結果、意味実現の結果であるし、そうでなくてはならない。人間は世界のうちで、自分の外にある意味を実現する程度に自己実現する。逆に人間が、意味を実現せずに自己を実現しようとすれば、自己実現はただちにその正当性を失ってしまう。

「人間的現象としての自己超越」

フランクルはこのことを、ブーメランを投げる猟師の例を挙げて説明しています。

ブーメランは、的を外したときにだけ、それを投げた猟師のところに戻ってくる。同様に人間も、自分の使命、なすべきことを見失ったときにだけ、つまり、意味の探求が挫折したときにだけ自己に戻り、自己について考え始め、自己実現を意図するようになるのだ。

（同右）

我を忘れてひたすら自分の使命や課題に取り組むことによって、自己実現ははじめて達成することができる、と言うわけです。

では、どんな例が考えられるでしょう。マズローは、「一番多くの人が体験した至高体験」の例として、オーケストラの指揮者の体験や、女性の出産体験を挙げます。

フランクルが自身の至高体験としてしばしば例示するのが、彼の趣味である登山の体験です。

フランクルは、国際精神分析学会の発表で自分が登山をしているシーンを何度もスライドで映し出しながら説明していたそうです。

「人生はこうやって、少しずつでも高みに上っていくものだ。少しずつでも高みを目指していくことによって、人生はより充実したものになる」と語っていたのだそうです。

どこまでの高みへ行けるか。あるいは、行けなくても、どれだけの高みを目指すことができるか。それによって、人間の価値が決まってくる。幸福の大きさが決まってくる。

どれだけの能力があるか、どんな家柄に生まれたか、どれだけ長生きできたか、どれだけの業績をなしとげたか。こういうことによって幸福の価値が決まるのではない。

人生の価値は、どれだけ長く生きたか、どれだけ高い位につけたか、どれだけ多くの子供を育てることができたか、どれだけの財産を築くことができたかというような、量的な尺度によって決まるものではない。

たとえ一瞬でもいい。どれだけ高い精神的な高みに上ることができたか、どれだけの高みを目指すことができたかによって、人生の価値は決まるのだ、と言っているのです。

こんな話を聞いたことがあります。あるカウンセラーが、老いて、間もなく亡くなっていく方のカウンセリングをしていたときのことです。

そのおばあさんは、「もう人生は終わりだ。こんなにヨボヨボになってしまって、私なんか、もう何の価値もない」と言うわけです。

これに対して、「あなたの最高の思い出は何ですか。あなたが一番幸福だったときのことを教えてください」とカウンセラーはたずねます。こうして、自分の過去の肯定的な体験を振り返りながら語っていく心理療法を「回想法」と言います。

おばあさんは語り始めました。

「私の人生の最高の思い出……私は音楽の教師でした。ある音楽会で、私が教えた子供たちとイメージどおりに曲を演奏することができました。あのときが、私の教師人生で最高の瞬間でした。ああ、あれももう、過去のことです……」

するとカウンセラーは、「何をおっしゃるのですか。今でもあなたは教師です。あなたの人生の本質は教師のままなのです。今おっしゃった音楽会のシーン、その最高の思い出こそ、あなたの人生の一番のエッセンスが詰まった瞬間です。その瞬間がどれだけ素晴らしかったかによって、あなたの人生全体が素晴らしいものになったんですよ」

そのおばあさんはとても幸福な表情に包まれながら、安らかに自分の死を迎えることができたのだそうです。

まとめ

あなたがもし、現在の自分に失望していて、未来にも希望が持てないのだとしたら、過去をぜひ思い出してみてください。あなたの人生に、たった一つでもいい、「こんなに素晴らしいことはない」、と思えるような体験はありましたか？　もし、そんな体験が一つでもあれば、あなたの人生は最高です。それは、今も未来も変わりません。

07

愛は、人間の実存が高く昇りうる最高のものである

収容所でフランクルを支えた「妻への思い」

ユダヤ人であったため、ナチスの強制収容所に捕虜として収容されたフランクルは、さまざまな体験をしました。

フランクルは、奥様を収容所の中で亡くされます。ときどきフランクルは収容所の生活で妻と子供両方を奪われたのだと間違った記述をされていることがありますが、実は、そのときにはお子さんがいませんでした。

フランクルが、収容所の中での過酷な生活を耐えぬくことができた一つの大きな理由は、奥様への思いでした。収容所での過酷な生活のなかで、奥様のことを思いながら何とか耐え忍ぶシーンがいくつか描かれています。

フランクルの『夜と霧』という本は世界的な大ベストセラーになり、多くの人に読み継がれています。強制収容所の体験記ですから、非常に残忍なシーンもたくさんでてきますが、にもかかわらず、どこか人間に対する肯定的な讃歌のような響きも持っており、だからこそ、感動を呼ぶわけです。

その一つが、奥様のことを思い出しているシーンです。私の周りにも「この場面に一番感動した」という方が少なくありません。

フランクルは、強制収容所に捕虜として捕らえられて、非常に過酷な毎日を送っていました。あるとき、本当に疲れ切ってボロボロの格好で並んで歩いていた一人の囚人が呟きました。

「なあ、君、もし私たちの妻が今の私たちを見たとしたら、どう思うだろうね。たぶん、妻たちがいる収容所は、もっといいところだろうな。彼女たちが、今の私たちの状態をあまり知らなければいいけどな」

そのときに、フランクルはこのように考えます。少し長いですが、引用します。

すると、私の前には、妻の面影が立ったのであった。そして、それから我々が何キロメートルも雪の中を渡ったり、凍った場所を滑ったり、何度もお互いに支え合ったり、転んだり、ひっくり返ったりしながら、よろめき進んでいるあいだ、もはや何の言葉も語らなかった。しかし、我々はそのとき、各々が妻のことを考えているのを知っていた。ときどき私は空を見上げた。そこでは星の光が薄れて、暗い雲のあとから朝焼けが始まっていた。そして、私の精神は、それが以前の正常な生活では決して知りえなかった、驚

くべき、生き生きとした想像の中でつくり上げた面影によって満たされていたのである。

私は妻と語った。私は、彼女が答えるのを聞いて、彼女が微笑むのを見る。私は、彼女の励まし、勇気づける眼差しを見る。そして、たとえそこにいなくても、彼女の眼差しは、今や昇りつつある太陽よりも、もっと私を照らすのであった。

そのとき、私の身を震わし、私を貫いた考えは、多くの思想家が英知の極みとして、その生涯から生み出し、多くの詩人がそれについて歌ったあの真理を、生まれてはじめてつくづくと味わったということであった。すなわち、愛は結局、人間の実存が高く上り得る最後のものであり、最高のものであるという真理である。私は今、人間の思想と、そして信仰とが表現すべき究極の極みであるものの意味を把握したのであった。愛による、そして、愛の中の被造物の救い、これである。たとえ、もはやこの地上に何も残っていなくても、人間は瞬間であれ、愛する人間の像に心の底深く身を捧げることによって浄福になり得るのだということが私にはわかったのである。

収容所という、考え得る限り最も悲惨な外的状態。また、自らを形成するための何の活動もできず、ただできることと言えば、この上ない苦悩に耐えることだけであるような状態。このような状態においても人間は、愛する眼差しの中に、彼が自分の中に持っている、愛する人間の精神的な像を想像して、自らを満たすことができるのである。天使は、無限の栄光を絶えず愛しつつ見て、浄福であると言われていることの意味を、私は生まれてはじめて理解し得たのであった。

『ある心理学者の収容所体験』

フランクルは収容所の生活の中で、手紙を書くことも、受け取ることも全くできませんでした。実は、もうこのときには、フランクルの奥様はほかの収容所の中で残念ながら処刑をされていました。しかし、フランクルはこのように言っています。

「愛する人間が生きているかどうか、そのとき私は全く知らなかったけれども、私の愛の思い、精神的な像を愛し、見つめることが大事だったのだ」と。奥様と精神的な対話をしたということがすごく重要だったのだというわけです。

このシーンのなかで、「やはり最後に人間を救うのは愛なのだ」「これだけ悲惨な状態にあっても、愛する人への思いをしっかりと抱くことができれば、それが人間を極限のところで救うのだ」とフランクルは語っているわけで、ここに多くの読者は感動を覚えるのです。私もまったくそう思います。

しかも、ここで大事なのは、このとき既にフランクルの奥様は亡くなっていて、このとき奥様がどうしているかも知らなかったということです。

つまり、実際に恋愛をしているとか、夫婦生活を送っている、そういうことはまったくなくても、心の中に愛の像があれば、私たちはそれを心の支えとして生きていけるし、心を満たすこともできるのだと言っているのです。

ここは非常に重要なところです。つまり、人間は愛する人への思いがあれば、自分を支えることができるのです。

大切な「思い出」があなたを救う

フランクル同様、実存思想に大きな影響を受けている作家に、ドストエフスキーがいます。

彼は、『カラマーゾフの兄弟』の最後の街の場面で、「人間は結局、何によって救われるのか。それは、たった一つでいい。本当に自分が愛されたい人、自分が本当に大切に思う人と深く触れ合うことができたという、その一瞬の思い出があれば人間は救われるのだ」と言うわけです。

つまり、人間を本当に究極のところで救うものは何か。それは、心の底から大切に思えるような思い出だ。それさえあれば、人間は救われるのだ、というわけです。このドストエフスキーの言葉も、フランクルが言っていることに近いと思います。

私たちは、苦しく寂しいときに「誰か助けてくれ」と言いたくなりますね。しかし、たった一度でもいいから、本当に愛された、大切にされたという思い出があるならば、その人は救われるのです。

愛する人への思いや、思い出ほど、私たちを深いところで支えてくれるものはありません。

ニーチェもまた、同じようなことを言っていました。

ニーチェは、「永劫回帰」説を提唱しました。

「今の人生と寸分違わない、全く同じ人生が何千回、何万回と繰り返されるとして、それでもあなたは、『もう一度この人生を生きたい』と思えますか」と。

普通は、「そんなことはごめんだ」と言いたくなりますが、ニーチェは「私はイエスだ（耐えられる）」と言うわけです。「そのときはじめて人間は〝超人〟になれる。自分自身を乗り越えていくことができる。そういう精神的強さを獲得できるのだ」と。

では、何が原因かというと、竹田青嗣《たけだせいじ》さんの『恋愛論』（作品社　1993年）によると、ニーチェの恋愛体験がそれを支えているようだと言うのです。

ニーチェはそんなにモテなかったけれども、たった一度だけ、愛する人と心を通わせた経験がありました。

それは自分の母親を一人残して、愛する女性と一時間ほど散歩をした思い出。たった一回の一時間ほどのデートの思い出が、自分を深いところで生かしてくれているという実感を持ったのでしょう。「あの一瞬さえあるならば、私は今と全く同じ人生を何度でも送ることができる」とそう思ったのです。

こんなことを言うと、女性は、「男の人は思い込みが激しい」と思うかもしれません。

しかし、こうしたところに男のロマンがあると私は思っています。

フランクルも、ドストエフスキーもニーチェも、愛する人への思いが自分を生かしているのだ、と、みんなこう言うわけです。最終的に私たちを救うものは、愛する人への思いである、と。

私自身も、「本当にこの人のことを心から愛している」と実感するような恋愛をしたことがあります。

そういう人との「思い出」の中に、例えば、今その方のことを思い出してもそうですが、何か背景に神秘性や超越性を感じるのです。本当の恋愛をしたときには、その思いはこの世を抜け出た超越的な性格を帯び始めるのです。

この世を超えた何ものかが立ち現れる。これを、「恋愛の超越性」と私は呼んでいますが、大切な人との恋愛の思い出の中に、「これさえあればこの人生を肯定できる」と言いきることができるような絶対的な超越性が、一つの白く輝く光のようなものとして立ち現れてくる。

このことが、私たちを深いところで支え、生かしてくれているのではないかと思います。

フランクルが出会ったもう一つの愛

フランクルは、一人目の奥様を収容所の中で惨殺されてしまい、収容所から解放された後、絶望の中で毎日をすごしていました。そんなときに、エリーという二人目の奥様と出会います。この方は、フランクルの生活を支えてくれた素晴らしい奥様です。

私は一度エリーさんにお会いしたことがありますが、本当に献身的にフランクルに尽くしていらっしゃって、「こんな女性と一緒になれば何かを成し遂げられるだろうな」と思えてしまう素敵な方でした。エリーさんに支えられたからこそ、フランクルはあれほど偉大な仕事ができたのだと思います。

偉大な人間だと言われる人がいますが、実はその三分の一から半分ぐらいは奥様の貢献であるということは、よくあることだと思います。奥様ではなくても、背後にいて支えてくれている人間の存在があったからこそ、大きな仕事を成し遂げることのできた人というのは、少なくないのではないでしょうか。ビクトール・フランクルの奥様、エリーさんほど、それに値する人はいないのではないかと私は思います。

エリーさんは、ひとことで言うと、非常に伸び伸びとされた、活気のある方です。フランクルが深い思考を巡らすタイプの思想家なので、同じように思考が深く、静かで、おとなしい奥様を連想する方もいるかもしれませんが、エリーさんは非常に元気がよくて、活力があって、はつらつとした人です。

実は、フランクル自身も非常にエネルギッシュな人で、絶えず冗談ばかり言って、周りを笑わせるのが大好きでした。

だから気が合ったのだとも思いますが、フランクルはエリーさんのことを説明するときに「自分の考えに深く沈潜してしまう人間は、生命に溢れるもの、人間の経験の最も伸び伸びとした表出に引きつけられる」と言いました。

これはヘルダーリンの詩で、この言葉を何度も引用しながらエリーさんと自分との関係を説明するわけです。

深く内面に沈潜するフランクルと、生き生きとした奥様。この二人がタッグを組んで偉大な仕事を成し遂げていったわけです。

では、エリーさんから見てフランクルがどんな人だったかというと、フランクルとの関係についてこのように言ったそうです。

「私がいないと、彼は自分の世界と自分の思考だけに没頭してしまう。私は、地に足がついた現実的な人間で、彼にはそれが必要なのよ。私が今日死んだら、三日もすれば彼も死んでしまうわ。彼は一人きりで途方に暮れてしまうから」と。

偉大な人間でこういう人は多いですが、フランクルもまったく家事ができなくて、エリーさんから、「フランクルは決して悪い人ではなかったけれども、現実の生活に疎い面があったの。電球の交換すらおぼつかなかったわ」と言われるほどでした。このことからも、彼女に支えられて生きてきたことがわかります。

私も、いつも何かを考えていて、生活能力はきわめて低いほうなので、フランクルの気持ちはよくわかります。

エリーさんは、人生の大半をフランクルを支えるために捧げてきたと言ってもいいと思います。

実は、フランクルの本の大半は、彼自身がタイプで打ったのではなく、フランクルが語ったことを奥様がタイプで打って出来あがったようです。だからこそフランクルの著作は言葉に迫力があり、勢いのあるリズムが出ているのだと思います。

私が感動した、次のようなエピソードがあります。

フランクルの視力が落ちて字が読めなくなったあとに、フランクルに送られてくる手紙や書物のすべてをエリーさんが読み聞かせていたのだそうです。手紙を読んであげるのはわかりますが、本を全部読み聞かせていたというのはなかなかすごいことだと思います。

偉大な人物は確かに偉大ですが、その陰に、偉大な仕事をひたむきに支え続けている人物が存在しているということも忘れないようにしたい、と、私はフランクルとエリーさんの関係を知って再認識しました。


フランクルは、もう目が見えなくなった後に一度日本に講演に来ました。世界中で講演をして、多くの人を最後まで励まし続けていたのです。「生きる意味は必ずある」「あなたたちは、どんなに絶望していても、必ず生きる意味を見つけることができるのだ」というメッセージを死の直前まで世界中で説き続けていました。

考えてみればわかるように、九十歳近くて目が見えない方を引き連れて、世界中旅をして回るのがどれだけ大変なことか。奥様の献身的な努力がなければ、とてもできなかったことだと思います。

フランクル夫妻はものすごく忙しい毎日を送ってきました。元気なうちにも芝居や音楽会には二～三年に一回だけしか行っていません。

エリーさんは、自分のお母さまが高齢で病気だったので、朝四時に起きて、路面電車に乗って、自分のお母さまの面倒を見て、フランクルの仕事をするために八時に自宅に戻ってきていました。

そのあいだに、お母さまのための食事を作り、アパートの掃除などを済ませていたそうです。つまり、朝の四時から八時まではお母さまの時間。朝八時以降はフランクルのための時間。大切な人を支えるために自分の人生を捧げてきた人でした。

すごく大変なことだと思いますし、エリーさんもこのように言っています。

「深い愛がなければ、とてもできなかったでしょうね。そうでなければ、私は無理だったわ」（ハドン・ワリンバーグ・ジュニア著　赤坂桃子訳『人生があなたを待っている　2』みすず書房　2006年）

フランクル最期の言葉

その後、だんだんフランクルの臨終の時が近づいてきました。

アメリカのある場所で満員の聴衆を前にして講演をしているとき、壇上のフランクルの隣にはエリーさんがいました。彼は、エリーさんの名誉を重んじて、講演の場所以外では、表に出ることはさせませんでした。

いつもどおりゆっくりと話し始めたフランクルは、だんだんと調子が出てきて、簡単なメモを使い始めました。白い紙に黒のフェルトペンで巨大な文字が一ページに六行ほど書かれたものです。各行に単語は二つか三つの大きな文字です。そんなに大きな文字で書かれていても、フランクルの弱った視力では、ぼやけた像にしか見えません。自分で書いたメモを自分で読むことができないのです。こういうときに、奥様のエリーがプロンプターの役を演じていました。それによって、フランクルは自分の長い人生を回顧しながら講演することができたわけです。

たとえば、写真にハイデガーと一緒に写っているシーンや、ヤスパースと一緒に写っているシーン、ブーバーと一緒に写っているシーン、そういうシーンを、エリーさんが一つひとつ紹介をしながら、フランクルは講演を続けることができたわけです。（『人生があなたを待っている』）

そんなふうに、気力、体力の限界まで仕事を続けながらも、だんだんとフランクルの死が近づいてきました。

フランクル自身も死を覚悟するようになっていた頃のことです。いよいよ手術の時間が迫ってきて、エリーさんもフランクルから離れようとせずに寄り添っているときに、フランクルはこう言ったそうです。（同右）

「エリー、僕の本の一冊を君に贈ろうと思ってアパートに隠してあるんだ。きっと見つかると思うよ」

そして、もっと近づくようにとエリーさんに言って、エリーさんが耳元に近づいて前屈みになると、ある言葉を伝えました。

「もう一度君に感謝したい、エリー。君が人生の中で私にしてくれたすべてのことにね」

エリーさんはフランクルが亡くなったあとに、フランクルの本棚に行って、いろいろな本を取り出していました。すると、『夜と霧』の翻訳本の後ろに、一冊の本が少しずらして置いてあるのに気づきました。間違ってほかの本の後ろに押し込まれてしまったのだろうと思って引っ張ってみると、それは『苦悩する人間』という本でした。

開いてみると、なぜこの本だけが別の場所に置いてあったのか、謎が解けたわけです。

この本のあるページに、フランクルは、ほとんど目が見えず、失明に近い状態で、汚い、ひん曲がった字で、次のように書いていたわけです。

「エリーへ。あなたは、苦悩する人間を愛する人間に変えてくれました」

これが、フランクルが奥さんにこっそり書いて、自分が死んだあとに読んでもらおうと思っていた言葉でした。

強制収容所に捕らえられて過酷な生活を強いられ、妻と両親を失い、解放後も鬱々とした気持ちですごしていたフランクルを、愛する人間に変えた。それはあなたの貢献だったということを伝えたわけですね。

感動的なエピソードですが、これを本の中に隠して、「見つけてごらん」というような茶目っ気もフランクルらしいと思います。

収容所で脳裏に浮かんだ最初の奥様への思いと共に、二番目の奥様への思いも、フランクルを心の底から生かしている大切なものなのです。

愛する人への思いが人間を生かしていくのだということを、ここでも感じます。

皆様も、身の回りにいる大切な人のことを思い浮かべてください。そして、その人との関係に思いを巡らせてみてください。

あなたは誰かに支えられていませんか？

あなたは誰かを支えられていますか？

その人への思い、その人からの思いこそ、あなたの人生に意味を与える素晴らしいものであると、私は思うのです。

まとめ

心を込めてはぐくんだ思い出は、この先どんなことがあってもあなたの支えとなってくれるはずです。どうしようもないほどの苦難にぶち当たった時、心を込めて、その思い出を大切に思い出してください。

08

人生は、暗闇の中で演じられている一つのステージのようなもの

人生は、真っ暗闇のステージ

人生は、真っ暗闇のステージの上で演じている演劇のようなものだ。すべての人間は、見えない観客の前で「人生」という舞台を演じている役者なのだ。フランクルはこのような考え方をしています。

フランクルがこのように言っているのは、神について語っているところです。

フランクルは、神の存在証明をしようとしているのではありません。

神の存在は、動物の痕跡を発見するのと同じようなやり方では証明できません。神は死んではいません。ただ、神は、その痕跡を発見することで、それが存在したことを証明できる化石のような存在ではないのです。神は現実に存在します。

「いかにして人生の意味を見つけるか」

むしろフランクルは、「神は、私たち人間には見ることも知ることもできず、したがって、言葉で言い表すことのできない存在である」ということを強調します。神の絶対的超越性。神と人間との絶対的な違いを説きます。フランクルが神について語ったイメージを最も具体的に知ることができるのは、次の例だと思います。フランクルの数ある著作の中で、私が最も好きな箇所の一つです。

フットライトとスポットライトに目を眩まされて、ステージの上にいる役者は観客の姿を見ることができません。客席の方には、ただ巨大な黒い穴が見えるだけ。彼は、誰が自分を見つめているのか、その姿を見ることができないのです。

人間も、人生というステージに立って、その役を演じているのですが、やはり、この役者と同じように、自分が誰の前で役を演じているのか、その姿を見ることはできません。人間は誰かの前で、その役を正しく演じなくてはならないのですが、自分が誰の前にいるのかを知ることができないのです。そして、日常生活という光に目を眩まされているうちに、自分が見つめられているということ、暗闇の中に隠されてはいるけれども、客席には誰かがいて、絶えず自分を見つめているということを忘れ去ってしまうのです。

『意味への意志――ロゴセラピーの基礎と応用――』

人間はステージの上にいる役者のようなもので、日々忙しく暮らしています。

多くの人は、スポットライトの光に目を眩まされている役者と同じように、日々の出来事に心を奪われてしまっている。そしてそのために、自分が見つめられていることを忘れてしまっている。暗闇の中に隠されていて、こちらからは見えないけれども、客席にはお客さんがいて、役者をじっと見ている。神が絶えず人間に眼差しを注いでいるのは、これと似たところがあるのではないか、とフランクルは言うわけです。

言うまでもなく、この例えのなかで、観客は神様の例えとして用いられています。役者が、舞台からは見えない観客の前で役を演じているように、人間は目に見えない神様の前で「人生」というステージの上に立たされているのだというわけです。

あるインタビューでフランクルは、旧約聖書出エジプト記33章23節の中で、神がモーゼに言ったとされる言葉、「おまえは私の背中だけを見ることができる。私の顔を見ることはできない」という言葉に感動したと語っています。(「いかにして人生の意味を見つけるか」)
また、ある本では次のように言っています。

人生という舞台の上で役を演じつつ、しかも、目の前に広がっている日常の出来事によって目を眩まされながら、にもかかわらず、人間は心の知恵から……(中略)……その見えない、しかし偉大な証人の予言を予感しているのです。

『精神医学的人間像』

フランクルは、闇に包まれている神の存在を説き、神様の絶対的な超越性を強調します。

神様は考えることができないもの、言葉で尽くせないもの。ただ信じ、愛することができるものだ。

『苦悩する人間』

ここで私が思い出すのは、ウィトゲンシュタインという分析哲学者です。

この人は言語について徹底的に考え抜いた、現代の哲学者のなかで最も尊敬を集めている人の一人です。

このヴィトゲンシュタインが、「語り得ないものについては沈黙しなければならない」と言いました。この考えとフランクルの考えは非常に近いと思います。神様についてあれこれ語るということを、フランクルは良しとしません。私たちは神様のことを知ることができない。語りえない。したがって、あまりに偉大な神については、「沈黙しなければならない」のだと言います。

フランクルは、ヴィトゲンシュタインの考え方に対して、「語り得ないものについては、ただ祈らなくてはいけない」と言いました。

また、別の箇所ではこのようにも言っています。「神様というのは、実は、私たちが一人でいるときに語りかけている対話の相手である」と。


人間が一見したところ空とか、無に思われるものに向かって「汝」と話しかけるとき、まさにそのときこそ、彼は永遠の汝に向かって話しかけているのです。その汝が永遠であるというのは、人間がたとえまったく無意識にではあっても、常にその汝に話しかけており、またつねに汝から話しかけられているからである。

『苦悩する人間』

人間は孤独でなければなりません。孤独であってはじめて、一人ではないこと、ずっと一人ではなかったことに気づくことができるのです。人間は孤独でなければなりません。孤独になってはじめて、自分との対話が相手との対話であることに、ずっとそうであったことに気づくことができるのです。

（同右）

フランクルはこのように、どんな人のどんな人生も、常に自分を見守ってくれている存在がいる。そのことを忘れないようにしようと呼びかけます。これは非常に重要な教えです。

何ものかに見られている、という感覚

ところで、私が、この「たとえ一人でいる時でも、人間は常に何ものかから見られている」という感覚を最初に覚えたのは、幼稚園のときでした。自分の中の道徳心が芽生えた最初の体験で、強烈に覚えています。

ある日、私の仲の悪い友達が私の前を小走りに横切るのが目に入ったとき、私は、誰にも気づかれないようにこっそりと足を引っかけて彼を転ばせました。転んだ友達を見て、私は心の中で「ざまあみろ」と思っていました。先生が「誰がやった？」と聞いても、知らんぷりしたまま家に帰りました。

でも、良心がとがめたのでしょう。夜眠るときに、木造住宅だった家の天井の木目が、何か、自分をじっと見ているような感じに襲われて、なんだか怖くなったのです。すごく、すごく怖くなって、翌日、幼稚園の先生に「僕がやりました」と言ったのを覚えています。

これは非常に子供っぽい感覚に思われるかもしれませんが、私自身の道徳心、信仰心のようなものに核が育まれた体験としてよく覚えています。

どんなにごまかしても、何ものかが自分を見ている。何ものかの視線が注がれているという感覚です。人生への畏れの感覚と言ってもいいでしょう。

おそらく、今の若者や子供たちには、この感覚が希薄になっているように感じます。

フランクルが言っている、「人間は常に、真っ暗闇のステージにいて、何ものかから視線を注がれている」という感覚――。フランクルは「神様」と言っていますが、神様でなくてもいいと思うのです。皆さんも、小さい頃に「悪いことをしたらおてんとうさまが見ているんだよ」とか「閻魔《えんま》様に舌を抜かれるよ」などと言われたことがあるかもしれません。「神様」「おてんとうさま」――要するに、目には見えなくても、人間を超えた何ものかからの眼差しが、絶えず自らに注がれているという感覚を持つことが大切だと思うのです。

今の子供たちにストレスが溜まるのはなぜかというと、緊張が与えられすぎているからではなくて、緊張する場面が少なすぎるので、そのことが逆にストレスを大きくしているのではないかと思います。

必要なのは、何ものかから絶えず見られているという、怖さの感覚です。踏み込んではいけない領域があるという感覚を持つこと。人生というのは怖いものなのだ、というおそれの感覚です。絶えず誰かから見られているのだという意識が、私たちの人生に緊張感をもたらすのだと思います。

私が授業で大学生たちに人生で最も影響を受けた作品をたずねると、多くの学生が幼稚園の頃に読んだ『蜘蛛の糸』だと言います。この本を読んで、人生というのは怖いんだなと、はじめて感じたというのです。こうした体験が幼児期に必要だと思います。

「人間を超えた何かが自分を見ている」という感覚――それを持つことで、私たちは時折、人生というのは恐ろしいものだ、ナメて生きてはいけない、心の底から納得して生きていかなければいけない、そんなことを思い出させてくれるのではないでしょうか。

まとめ

人生というのは、真っ暗闇しか見えないステージの上で、しかし実は観客の前で演じられている演劇のようなものです。たとえあなたには見えなくても、あなたは常に何ものかから、眼差しを注がれています。あなたは、いつも誰かから見られている。眼差しを注がれている。そのことを忘れないようにしましょう。

09

過去の「思い出」は、何にも替え難い貴重な財産である。
「生きぬかれた過去」は、
時間の座標軸に永遠に刻まれ続ける

「生きぬかれた過去」ほど確かな財産はない

現在、過去、未来を比較して、最も確かなものは、過去である──。これがフランクルの時間論の大きな特徴です。

フランクルは、「過去」というものをとても大切に考えます。多くの場合、過去は過ぎ去ったはかないものにすぎないと考えられがちです。けれども、フランクルは、「過去ほど確かなものは存在しない」「過去の思い出だけは、誰にも邪魔されることなく存在し続ける」と言うのです。

フランクルの考え方の背景には、次のような時間論があります。

フランクルは、現在、未来、過去を比較してこう言います。現在は一瞬で過ぎ去ってしまう。その意味で「はかないもの」である。未来はまだ来ていないものである。来るか来ないかわからず、その意味で「不確かなもの」である。しかし、一方、過去は、既に確実になされており、それは誰の手によっても変えることはできない。打ち消すことはできない。したがって、「現在、未来、過去のなかで最も確かなものは過去である」というわけです。

ボンヤリと過ぎ去った時間は永遠に失われてしまうが、実現され、生きぬかれた時間は永遠に時間の座標軸に刻まれ続ける。これがフランクルの考え方です。実現されず失われた時間は、永遠に失われてしまう。一方、生きぬかれた時間、実現された時間は永遠に時間の座標軸に刻まれ続けるのです。

これは、多くの人の考え方と違うところだと思います。多くの人は、過去は過ぎ去ったもので、ほとんど価値がないものだと考えるでしょう。

今、いろいろな高齢者施設でフランクルの心理学が評価されています。それは、回想法(＝過去を思い出すことによって、老いた人々が自分の人生を見つめる方法)の理論的な支えとなっているからです。

ロバート・バトラーという人が考えた、「ライフ・レビュー・インタビュー」という回想法があります。高齢者に自分の過去を振り返ってもらって、思い出とともにそれを語ってもらう方法です。

家族、職場、地域などにおいて自分がどんな役割を果たしてきたか、何をすることができたかなど、思う存分、語ってもらいます。支援する側は、とにかく、それをひたすら聞いていくわけです。

特にそこから何か肯定的な意味を取り出すことができるように、注目して聞きます。直接話を聞く方法以外に、メモか何かで記録してもらい、それを家族や知り合いの方が読んであげるという方法もあります。

フランクル心理学では、過去とは、その人がなしたことの一切が何ら失われることなく、そのままの形で永久に保存され続ける貯蔵庫のようなものだと考えます。

過去になされたこと、体験したことは、それが過去であるからこそ、何者にも邪魔されることなく、確実にそこに刻まれ、永遠に取っておかれる――フランクルはそう言うのです。

フランクル自身が自らの老いについて語った、八十六歳のときのインタビューにも彼のこうした教えがよく表れています。

私には、老いていくことに対するあがきはありません。私はおそらく、今も成長しつつあると言えると思います。歳をとると記憶も失われてきますし、物を考えたり、話したりするスピードも落ちていきますが、そんなものはどれも、何十年もの人生で得た経験で補うことができるものです。

死や人生のはかなさは、私にとって何の妨げでもありません。何も失われはしないし、壊されもしないというのが私の確信です。過去から何かを奪える人などいないのです。私たちが行ってきたこと、成し遂げてきた仕事、つくってきたもの、私たちが経験したこと、私たちが愛した人、そして、私たちが受けてきた苦しみからさえ、何かを取り除ける人などいないのです。私たちが勇気と尊厳を持って耐えてきたその苦しみからでさえ。

「いかにして人生の意味を見つけるか」

このように言うわけです。私たちの過去は、言わば、私たちの人生の収穫物がそこで確実に取っておかれる穀物畑のようなものである、とフランクルは言うのです。

ここでフランクルが、老いの問題で苦しむ患者さんを対話の例に挙げています。多くの学生の前での講義の一部として手本に見せた、八十九歳のがん患者さんとの対話です。（『意味への意志――ロゴセラピーの基礎と応用――』）

この患者さんは「自分は単なる無用の存在でしかない」と考えていました。

フランクル「あなたの人生を振り返ってみて、どうですか。人生は、生きるに値するものでしたか」

患者「そうですね、先生。私はよい人生を過ごしてきた、と言っていいと思います。人生は素晴らしいものでした。本当に」

一見、何の問題もなく人生を肯定しているように思えますが、話しているうちに、本当に自分の人生を肯定できているのかどうか、フランクルは疑問を感じ始めます。

そんな患者に、敢えてフランクルはチャレンジしていきます。

フランクル「それらの経験も、もうすべて終わってしまうのですね」

患者「ええ、すべてが終わります」

フランクル「あなたの人生の素晴らしいことは、すべて滅びてしまうと考えますか。あなたがこれまでに経験した幸福を、誰かがぶち壊してしまうことができますか。誰かが消し去ってしまえますか」

患者「いいえ。誰も消し去ることなどできません！」

フランクル「あなたが勇敢に、正直に悩んだことを、誰かが取り除くことができますか」

患者「誰も取り除くことはできません。（すすり泣く）。確かに私はとても悩みました。でも、勇気を持って耐えなければならないことを耐えていこうとしました。先生、私は自分の苦しみは罰だと思っています」

ここで勝負だと思えば、フランクルは徹底的に迫っていきます。

フランクルは、このように言います。

フランクル「しかし、苦悩は、時には挑戦的なものではないでしょうか。

神はアナスタシア・コテク（患者の名前）、あなたがどのようにそれを耐えていたのか、見たがっているのではないでしょうか。神はおそらく『そうだ、彼女はとても勇敢にやってのけた』と認めるに違いありません。どうですか。そのような成就や達成を誰かが取り除いてしまうことはできるでしょうか、コテクさん」

患者「確かに、誰もそんなことはできません」

フランクル「それは残り続けるのではありませんか」

患者「残り続けます」

フランクル「あなたにはお子さんがおられませんでしたね。人生に意味があるのは、子どもがいるときだけだとお考えでしょうか」

患者「もし良い子どもがいれば、どんなに嬉しいだろうとは思います」

フランクル「それはそうでしょう。けれども、史上最大の哲学者と言われるカントでさえ、子供はいなかったのです。しかし、カントの人生に意味がなかったと考える人など一人もいなかったのです。もし、子供が人生のただ一つの意味だとすると、人生は結局無意味だということになってしまいます。なぜなら、もともと無意味なものを生むことは、やはり無意味でしかないからです」

このようにして、過去の大切な思い出は誰も取り除くことはできないということを、しつこいぐらいにフランクルは訴えかけていくわけです。なぜそうするのでしょう。

フランクルは、過去ほど確かなものはないということを、あの手この手を使って患者さんに確信させていこうとしているのです。

現在というのは、はかないものにすぎない。未来は、来るかどうかもわからない不確かなものでしかない。それに対して、過去ほど確実なものはない――そんな前提で、フランクルは、過去を肯定する心理学を提唱します。このことが、今、高齢者へのケアの理論的な支柱として評価されているわけです。

もう一人、過去を重要視する心理学者にジェームズ・ヒルマンという人がいます。この人はユング派の心理学者です。

高齢者が、なぜ過去の大切な思い出を繰り返し語るのか。そのことを多くの人は「ボケた」と考えますが、ヒルマンによると、そうではないのです。老いてくると人生は残り短くなりますから、ささいなことに時間やエネルギーを割く余裕はなくなってきます。

財布をどこに置いたか、携帯電話をどこに置いたか、明日は何の予定が入っているか……そんな小さなことはどうでもよくなってしまう。本当に思い出す価値がある大切なことを思い出すために、時間とエネルギーを割くようになるのです。

高齢者はそのために、自分の人生で本当に大切なことだけを思い出すことができるようになっていくのだと、ヒルマンは肯定的に捉えます。

フランクル心理学と、ジェームズ・ヒルマンの魂の心理学、この二つが、高齢者への精神的ケアの主要な支えとなっているのです。

まとめ

現在は一瞬にして、はかなく過ぎ去ってしまいます。未来は、来るかどうかもわからない不確かなものです。それに対して、過去ほど確実なものはありません。

自分の人生の「思い出」を心から大切にしましょう。「思い出」よりも確かで貴重な財産はないのです。

10

人生の意味を疑うのは、その人の高い精神性の証である

「生きる意味」を疑うのは、人間だけである

私たちは、人生のさまざまな悩みに直面します。

恋人にフラれた。いい仕事に就けない。せっかくいい仕事に就けたと思ったら、職場の上司からいじめに近いパワハラにあってしまう。家族のさまざまな問題で、気力も体力もすっかり奪われてしまった……。

この本をお読みのあなたも、もしかすると、生きるのにすっかり疲れ果ててしまっているかもしれません。

そんなとき、私たちは、例えばあなたが職場から家に帰る途中の道すがら、ふと足を止めて、天を仰ぎながらこう呟くのです。

「いったい、こんな人生にどういう意味があるというのだ。こんな私の人生に、意味などないのではないか」

さまざまな人生の問題に直面すると、「もうこんな人生はやっていられない。こんな人生はもうイヤだ。私の人生は過酷すぎる」――そう思われる方もおられるでしょう。

よく、「神様は、あなたが耐えられる試練しか与えられない」と言われます。しかし、ふと、「なぜ私の人生には、こんなに試練ばかりが多いのだ。なぜ、私の神様は、こんなに私の人生に厳しい試練を与え続けるのだ」そんな恨みつらみを口にしたくなったことがある方もいるかもしれません。「もうこれ以上は無理だ、勘弁してほしい」と、降参したくなった方もおられることと思います。

「ああ、私はもう、すっかりこの人生に絶望してしまった」――そう思う方もおられるかもしれません。

これに対して、フランクルは次のように言います。

「『自分の人生に意味などないのではないか』『いったい、この私の人生に意味など存在するというのか。存在するとすればどんな意味があるのか』といったような、『人生の意味についての問い』を抱くことができるのは、人間特有の能力である。人間に精神性が存在する証である。人間に高い精神性が備わっているからこそ、自分の生きる意味を疑うことができるのだ」

確かに、考えてみてください。犬が、自分のこの世に存在していることの意味を考えたりするでしょうか。猫が、自分がこの世に存在していることの意味を考えたりするでしょうか。生きる意味を問うこと、自分の人生に生きる意味などないのではないかと疑うことは、人間特有の精神性が存在するがゆえにできることなのです。

したがって、フランクルはこのように言います。

自分の人生の意味を疑うのは、決して心の病ではない。心がある一定のレベルまで向上し、成熟している証なのである。

確かに、日々とにかく楽しく過ごすことさえできればいいという構えで、享楽的に毎日を生きている人であるならば、自分の生きる意味など疑わないと思います。しかし、たとえ今享楽的に楽しいだけの毎日を過ごしている人であっても、ふと、そのことにむなしさを感じて、こんな自分の人生に意味などあるのだろうかと考える機会が訪れたとすると、そのこと自体が、高い精神性が可能性として備わっていることを意味しているのです。

毎日湯水のようにお金を使い、飲んだり食べたり、パチンコや競馬などのギャンブルに走る。そういう毎日をただ繰り返している人が、むなしさを感じて、「私の人生はこれでいいのだろうか。こんな人生の繰り返しだとすると、自分の人生に生きる意味などないのではないか。私がたとえこの世にいなくても、世界は回っていく。このちっぽけな自分の存在。ただ毎日、逃げるようにして楽しいことだけをしている自分。こんな自分の存在に意味などないのではないか」――そう疑ったとしましょう。

確かに、今は、その方も絶望しかかっているかもしれません。しかし、そのようにして、自分の生きる意味を疑うこと自体が、その方が自分の人生を変える大きなきっかけとなりうるのです。

ただひたすら毎日楽しく過ごしているだけの人生。それに心の底から満足し、そこにいつまでも留まっていようとしているならば、こうした生きる意味の問いは生まれてこないはずです。こんな私の人生には、意味などないのではないか。そのように自問自答することこそ、その方が自分自身を振り返り、もう一歩高いレベルの精神性へ向上していこうとしているプロセスの途上にあることを示しているのではないでしょうか。

「人間が生きる意味を問い始めるのは、あなたの精神性があるレベルまで高まってきている証拠である」

「生きる意味を疑うのは、決して心の病なのではない。その人の心が一定レベルまで成熟してきている証なのである」

フランクルがこのように言うのは、自分の生きる意味を疑い、こんな私の人生など意味がないのではないかと思うその瞬間に、その方がさらに一つ上の人生のステージへ一歩踏み出し始めていることを示しているからだと思います。

一歩を踏み出すチャンス

同様のことを、人間性心理学の提唱者であるアブラハム・マズローも言っています。マズローは、理由なき空虚感や対象なき不安に駆られる心の症状のことを「高次病」と言っています。

「なぜ人間が高次病に囚われるかというと、精神性が一定レベルまで達した人間が、さらなる心の成長を目指し始める。より完全な人間を目指して日々歩もうとし始める。その瞬間に、それまでの同じような毎日の繰り返しが非常に陳腐に感じられ、ただ意味のない反復にしか感じられなくなる」というわけです。

人間の精神性が一定レベルに達すると、毎日ただ同じことを繰り返していた日常に対して、大きな空虚感、意味不明の実存的なむなしさの感覚、理由のないイライラや焦り、対象のない不安に囚われはじめます。

もともと高い精神性が備わっている人間が、その精神性に相応しくない生き方をダラダラと毎日していると、「このままではいけない。今こそ人生を変えるべきときなのだ。一歩を踏み出せ」というメッセージが、イライラや理由なき不安として、その方の心の中に訪れてくるのです。

マズローが「高次病」と言ったのは、そういう堕落した毎日を送っているときにイライラが生じてきて、「こんな毎日に意味などあるのか。こんな人生の繰り返しでは、まったく無意味ではないのか」と大きな空虚感を抱くこと自体、その方の精神性が高い次元に達している証なのだという意味を込めてのことなのです。

もし、あなたが今、自分の人生に意味などない、と感じはじめているとしたら、それを決して心の病であるとか、無意味な悩みであると片付けてしまわないようにしましょう。

毎日同じことを繰り返しているだけの人生を、なぜかとてつもなくむなしいと感じてしまう。そのことこそ、あなたが今の自分から新たな自分へと一歩を踏み出し始めること——その大きなきっかけを与えてくれるのです。

まとめ

毎日がむなしくなったり、自分の人生が無意味ではないかと思ってしまうのは、決して心の病ではありません。今の自分がむなしいと感じる——そのことこそ、自分を変える大きなチャンスとなりうるのです。

11

あなたがどれほど人生に絶望したとしても、
人生があなたに絶望することは決してない

絶望の心理学

人生のさまざまな悩みに直面し、悪いことが続けておきると、「もう、こんな人生はイヤだ。私の人生は、いつまでも闇に包まれたままなのだ」と感じることがあります。

「もうイヤだ。こんな人生に私は絶望した」と考えて、自分の人生を手放したくなってしまった方もおられると思います。

絶望という言葉は、「望みが絶たれる」と書きます。どんな望みも抱くことができない。あらゆる望みが絶たれてしまった。そのように思って、自ら死を選ぶことすら頭の中をよぎったことのある方も、なかにはおられると思います。

フランクルの心理学は、そのように人生に絶望しきった人にこそ、生きる意味と勇気、エネルギーを与えてくれる心理学です。

フランクルは、このように言います。

「あなたがすっかり人生に絶望しているとしましょう。たとえそうだとしても、しかし、人生のほうはあなたに絶望することは決してないのです」

絶望の最中にあって、すべてを手放したくなったときにこそ、人生の光が届けられる。希望の光が届いてくる。そういうことが人生にはしばしばあるのではないでしょうか。

五木寛之さんがこのように言っています。「アサガオは、ずっと明るいところに置いておくと決して花を咲かせることがない。アサガオが咲くためには、昼も必要だけれども、夜の闇も必要なのだ。夜の闇を経てはじめて、咲くことのできる花がある」と。(『混沌からの出発──道教に学ぶ人間学』五木寛之・福永光司　致知出版社　1997年)

人生も同じなのではないでしょうか。

辛いことが続くときは、いくつも続くものです。仕事を失った。人間関係が壊れた。恋人や配偶者にも捨てられてしまった。我が子は自分に反抗している。金銭的なピンチに見舞われた。大きな病に襲われた……。人生の絶望的な状況が次から次へと連鎖してやってくるわけです。

「もう無理だ。私の力でこの困難な状況を克服することはできない」

そのように思ったことがある方もおられると思います。

私にも、そんなときがありました。

人生のすべてに絶望し、「もうダメだ。こんな人生、もうどうにでもなれ」と、とうとうすべてを放り出して、ひっくり返って寝転んでしまったある日――そんなとき、フランクルの思想が私の心にすっと入ってきました。

私にある種の衝撃を与えてくれたのは、フランクルの次のような考えです。

「人生に生きる意味があるか、ないか。人生に希望があるか、ないか。それを決めるのは私たち人間ではない。

そういうことを私たちが自分で決めることができると考えていること自体が、既に傲慢なことなのである。

私たちが、人生に意味があると考えるか、考えないか。この人生に希望があると考えるか、考えないか。私たち人間のそのような勝手な思いとはまったく無関係に、人生から、絶えず生きる意味が届けられ続けている。生きる希望は、どんなときにも必ず、既にそこに存在している」

フランクルはそう言うわけです。

生きる意味は既に届けられている

「人生に意味などないのではないか」と考えに考えぬき、悩みに悩みぬいた人の心に、フランクルの思想はすっと入ってくるところがあります。

あなたがどんなに人生に絶望していたとしても、人生があなたに絶望することはありません。生きる意味の有無、人生の希望の有無を決めるのは、私たち人間ではなく、人間を超えた何かの力であり、その「何か」は、私たちに絶えず生きる意味を送り続け、生きる希望を送り続けているのです。私たちにできるのは、ただ、人生の大いなる真実を受け入れることだけです。

「生きる意味などないのではないか」「私の人生には希望がないのではないか」と思い悩む人に対して、フランクルはこう言います。

「その悩みから両手を放してしまいなさい。そして、ただ上を見上げてみましょう。そうすれば、そこにあるはずです。生きる意味が、もう既にそこに、送り届けられているはずです。人生の希望は、あなたを超えたどこかから、常に既に送り続けられてきているのです」

「こんな人生は生きるに値しないのではないか」と悩みに悩みぬき、考えに考えぬいた末に、「ああもうだめだ」とあきらめてすべてを放り出し、体じゅうの力がぬけきったとき——そうなってはじめて、私たちはそこに何か、自分の意思を超えた大いなる力の働きを発見することができるです。

真実は、常に、既に、そこにあります。あなたができるのは、その真実に目を開き、受け入れることだけ。ただ、それだけでいいのです。

まとめ

人生に生きる意味があるか、ないか。人生に希望があるか、ないか。それを決めるのは、あなた自身ではありません。

生きる意味は、常にあなたに届けられています。生きる希望も、いつもそこにあります。

あとは、ただあなたが、その人生の真実を受け入れるだけ。それだけでいいのです。

12

あなたを待っている「何か」がある。
あなたを待っている「誰か」がいる

ロゴセラピーの根幹

フランクルの心理学の体系は、彼が強制収容所に捕虜として収容される以前に、ほぼ完成していました。

生きる意味を感じられない人々、人生をむなしいと感じる人々が、生きる意味を発見していく援助をする。そのことにフランクルの仕事の大きな意義はあったのです。

こうしたフランクルの心理療法は「実存分析」もしくは「ロゴセラピー」と呼ばれます。その心理学のエッセンスは、強制収容所のなかでさらなる深みを与えられ、より明確な方法へと高められていったのです。

ロゴセラピーと呼ばれる心理療法のエッセンスをひとことで言うと、「誰かがあなたを待っている。何かがあなたを待っている」となるでしょう。この言葉にフランクルの思想のすべてが集約されていると言ってもいいほど、重要な言葉だと思います。

このことを印象づける、あるエピソードを紹介しましょう。

フランクルがナチスの強制収容所での体験をまとめた名著『夜と霧』、フランクルは僅か九日間で、ものすごい集中力でこの本を書きあげました。「はじめに」でも軽く触れましたが、その中に記されたエピソードで、最も強く私の印象に残っているシーンの一つです。(『それでも人生にイエスと言う』)

フランクルのもとには、収容所の生活のなかで生きる希望を失った多くの囚人が相談に来ていました。「もう私の人生には何も期待できません。すっかり絶望してしまいました。ナチスの手によって、そのうち死に追いやられるぐらいであれば、自ら自分の人生を絶ったほうが、まだ人間としての尊厳が保たれるというものではないでしょうか。フランクル先生、私たちはもう死んでしまったほうがいいのではないでしょうか」と言うのです。

ある日のこと、同様の苦しみを抱えて相談に来た二人の囚人に対して、フランクルはしばらく沈黙したあと、次のように問いかけました。

「あなたの人生で、あなたを待っている人が、誰か、いませんか。あなたのことを必要としている誰かが、どこかにいないでしょうか。あるいは、あなたの人生で、あなたを待っている何かはないでしょうか。あなたの人生でやり残した仕事、あなたがいなければ決して実現されることのない何か。そうした何かがあなたの手によって実現され、完成されるのを待っているのではないでしょうか。

よく眼を見開いて、観察してみましょう。あなたの人生のなかで、何かがあなたを待っているのではないでしょうか。誰かがあなたを待っていて、必要としているのではないでしょうか。その何かや誰かのために、あなたにできることは何かないでしょうか」

フランクルはこのように問いかけていったのです。

二人の囚人が気づいたこと

このフランクルの問いかけに対して、二人の囚人はしばらく考え込みました。そして、一人はこう言うのです。

「先生、そうですね……。私には、アメリカに亡命した子どもがいます。もし私がここで命を絶ってしまえば、子どもに血の繋がった身寄りは一人もいなくなってしまいます。私がここで死を選ぶということは、子どもにとってたった一人の血の繋がった肉親をこの世から消してしまうということを意味するんですね……。子どものためにも、生きられるところまでは生きてみようと思います」

こうやって、ある囚人は、自ら命を絶つことを思い止まりました。

また、別の囚人は次のように言いました。

「先生、私は科学者です。ある未完成の論文があります。そして、ある未完成の著作シリーズがあります。もし、あの本や論文を完成しなければ、私の科学者としての人生は何だったのでしょうか。私は何のためにこの世に生まれてきたのでしょうか。私は、自分がこの世に産み落とされた意味は、科学者としての仕事を果たすことにあると思っていました。もし、今私が自ら命を絶ってしまったとすれば、あの著作シリーズは永遠に未完成のままに止まってしまいます。あの科学論文も永遠に発表されることはないでしょう。それで、いったい自分の人生にどんな意味があると言えるのでしょうか。先生、私ももう少し生きてみようと思います」

二人目の囚人も、自ら命を絶つことを思い止まったのです。

ある囚人は、外国で自分との再会を「待っている」子どもがいること、別の囚人は、完成されるべき科学の著作シリーズが、自分によって完成されるのを「待っている」ことに気づいたわけです。

フランクルの心理学のエッセンスは、つまり、こういうことになります。

どんなときも人生には意味がある。なすべきこと、満たすべき意味が与えられている。あなたを必要とする何かがあり、あなたを必要とする誰かがいる。その何かや誰かのために、あなたにも、できることがある。その何かや誰かは、あなたに発見され、実現されるのを待っているのだ。だから、たとえ今、あなたがどんなに苦しくても、あなたはすべてを投げ出してはいけない。たとえあなたがすべてを投げ出したとしても、人生があなたを投げ出すことはない。人生は、あなたに光を届け続けてくれているのだ。

誰かがあなたを「待っている」。何かがあなたを「待っている」。そして、その誰かや何かのために、あなたもできることがある。その何かや誰かは、あなたによって発見され、実現されるのを「待っている」。このフランクルの思想のエッセンスこそが、多くの人の生きるエネルギーを鼓舞し続けていったのです。

人生に絶望して、「自分のことなど誰も必要としていない。自分はこの世に存在していても、していなくても同じだ」――そんなふうに思いこみ、心を閉ざしている人に熱く問いかけ続けることによって、その方の人生に対する眼差しを大きく見開かせていく――ここに、フランクル心理学の真髄はあるのです。

まとめ

どんなときも、人生には意味がある。あなたを待っている何かがあり、あなたを待っている誰かがいる。そして、その何かや誰かのために、あなたにもできることがある。

13

仕事の価値は、その大小では決まらない。
心を込めて取り組めば、今の仕事が天職に「なる」

「人生の価値」の三つのカテゴリー

フランクルの基本メッセージ、それは、「誰かがあなたを待っている。何かがあなたを待っている。そして、その何かや誰かのために、あなたにもできることがある」というものだ、とご説明しました。

こう問いかけられることによって、その方が、「私のことなど誰も必要としていない」「私なんて、この世にいてもいなくても同じだ」という思いから抜け出すことができる。その手伝いをするのがフランクル心理学のエッセンスです。

私のカウンセリングに来た多くの若者がこのように言います。「私のことを必要としてくれる人は誰もいません」「私なんか、いてもいなくても同じです」

また、大学の授業でもこのように発言した学生がいました。「先生、やっぱり、人から必要とされていたいですよね」と。この学生は、自分の人生で一番大事なものは何かというと、「人から必要とされる人間になることだ。

そう実感しながら生きてきた」――そう言うのです。

私は誰からも必要とされていない。この世界に私なんかいてもいなくても同じだ。そのように感じると、自分の人生が無意味に感じられてしまいます。

「私のことを必要としている何かがある。私のことを必要としてくれる誰かがいる」――こうした思いを掻き立てることで、生きる意味の感覚を育てていこうとするのです。生きる意欲を掻き立ててくれるのです。


さて、フランクルの心理学、ロゴセラピーでは、人生に絶望しかかっている人に対して、生きる意味を発見していくのを援助するために、三つの価値のカテゴリーをガイドとして用います。三つの価値のカテゴリーとは、①創造価値、②体験価値、③態度価値です。

創造価値

最初に紹介したいのは、「創造価値」についてです。

「創造価値」というのは、わかりやすく言うと、何かを行うことによって、つまり、活動し、創造することによって実現される価値のことです。その人になされるのを待っている仕事、その人に創造されるのを待っている芸術作品などに取り組むことで実現されるのが創造価値です。具体的には、サラリーマンが受け持っている仕事、アーティストが作り上げる作品、学生の卒業論文などが創造価値に当たると考えられます。

こういった仕事や作品を、「こなさなければいけない、ただのルーティンワーク」と感じると、そのことがむなしく感じられてしまいます。そのときに、「これは私がしなければならない何かである。私によって実現されるのを待っている何かである」というような「気づき」を持つと、俄然意欲が湧いてくるはずです。

同じ仕事をするのでも、ただのんべんだらりとやっているのと、「これは私がしなければならない仕事だ。私によってこそ実現されるべき仕事だ。私がやらずに誰がやる」という気持ちを持ってやるのとでは、まったく違ってきます。

フランクル自身の人生にも、こういうことがありました。

フランクルが強制収容所の捕虜として捕らえられた際に、持ち物一切を取り上げられてしまいました。服も、下着も、眼鏡もです。そのときにフランクルが最後まであきらめきれなかったのが、自分のデビュー作として刊行予定であった本の原稿でした。（後にこの原稿は、『医師による魂の癒し』・翻訳『死と愛』　霜山徳爾訳　みすず書房　１９５７年　という本として出版されることになります）

フランクルは、なんと、自分の下着に原稿を縫いつけたのです。下着までは奪われることがないだろうと思っていたフランクルは、その原稿だけは手放したくないという思いから、それを下着に縫いつけました。しかし、残念ながら、下着と共に原稿も取り上げられてしまいます。

これでは、死ぬに死にきれない。そんな思いからでしょうか。フランクルは収容所に捕らえられた捕虜の身でありながら、なんと、数十枚の小さな紙切れに、速記の記号を用いて原稿を復元していきました。

自分の学説を世に問うまでは、死ぬに死ねない。こうした思いが、収容所の極限状況の中でさえ、フランクルの執筆意欲を掻き立てていってくれたのです。

このときのフランクルにとっては、自分のデビュー作を出版し、自分の学説を世に問うことが、まさに「創造価値」となって、生きる意欲の源泉となっていたわけです。

創造価値のある仕事

しかし、フランクルのこんなエピソードを読むと、次のような気持ちになってしまう方もいるかもしれません。

「私には出版したい本などない。そもそも、そんな特別な思想の持ち主ではない。フランクルと違って、こんな、どこにでもいる人間である私に、どんな創造価値が実現できるというのだろうか。私のような人間に、どんな存在する意味があるというのだろう」

フランクルはこのように言います。

> 仕事の大小・内容によって創造価値の有無が決まるのではない。むしろ、自分に与えられた仕事にどのように取り組むかによって、その人の創造価値の有無は決まるのである。
>
> 『それでも人生にイエスと言う』

つまり、仕事に取り組む姿勢によって創造価値が実現されたり、されなかったりする、というわけです。

これは、私によってこそ実現されるべきことだ。私は、これを行うためにこの世に生まれてきたのだ。そんな思いを抱くことができる「何か」がある人は、それだけで、本当に幸福な人生を歩むことができている方だと思います。

これをやるためにこの世に生まれてきたのだと思える――その仕事こそが、その方の創造価値なのです。

このとき大切なのは、創造価値においては、「仕事の大きさ」は問題でないということです。その人が「自分なりの使命をどれだけ満たしているか」が重要なのです。（『医師による魂の癒し』）

つまり、自分の人生に与えられた使命――世間的な価値の大小はあるにしても、それによって創造価値の実現の有無は決まらない――。重要なことは、その人が自分の人生に与えられたミッション、使命に、どれだけ応えることができるかということです。

フランクルは次のような例を示しています。

創造価値についてフランクルの話を聞いたあと、ある青年が次のように言いました。

「あなたは何とでも言えますよ。相談所を自分で開設されたような立派な方ですし、そこで人々を援助したりしているのですから。でも、私といえば……私の仕事を何だと思っていますか。ただの洋服屋の店員です。私はどうすればいいのですか。洋服屋の店員しかできない私の人生を意味のあるものにすることなどできるのですか」

この問いに対してフランクルは、「重要なのは、どんな職業に就いているかではない。自分に与えられた仕事において、どれだけ最善を尽くしているかだけが重要なのだ。つまり、仕事の大きさや世間的な価値が問題なのではない。自分のすべき仕事をどれだけまっとうできているかが重要なのだ」と答えました。(『それでも人生にイエスと言う』)

どんな仕事であれ、その仕事は、その人だけに与えられた仕事。その人だけに与えられ、その人になされるのを「待っている」仕事なのです。

一人一人の人生が、その人に与えた仕事は、その人だけが果たすべきものであり、その人だけに求められているものであると、フランクルは言います。

こう考えてみると、いかがでしょうか。あなたは、今与えられた自分の仕事に本当に無我夢中で取り組んでいると言えるでしょうか。

私は最近、よく相談を受けます。

「自分にピッタリの仕事が見当たりません。自己実現できるような仕事と出会えません。これが自分のなすべきことだ、天職だと感じることができません。いったい、どうしたらいいのでしょうか……」

こうした質問に、私はこう答えることにしています。

「とりあえず、今たまたま与えられている仕事に無我夢中で取り組んでみましょう。あるいは、友達からの紹介や、求人広告を見て、『ちょっと気になるな。面白そうかも……でも、私にできるかな。向いていないかも……』と思う仕事があったら、まずはたまたまめぐり会えたそのチャンスに『イエス！』と答えて、逃さないようにしましょう。そして、せっかくその仕事をするならば、無我夢中でやってみましょう。

無我夢中で取り組んでいなければ、たとえそれが自分の天職だったとしても、天職であることに気づくことすらできません。

天職が天職と『なる』のは、あなたが我を忘れてその仕事に没頭しているときだけなのです」

このことを忘れたときに、多くの人は、「もっといい仕事」、「もっと自分に相応しい仕事」をと求め始めて、転職を繰り返すことになります。

多くの方は転職するときに、自分のスキルアップのためだと言います。この職場の雰囲気や人間関係がイヤだから転職するという方もおられます。私は、それもかまわないと思います。転職することは決して悪いことではありません。いやな職場にしがみついていても、時間の無駄になるかもしれません。

しかし、少し立ち止まって考えていただきたいのです。とりあえずいったんはその職業に就いたのであれば、心を込めて本気でその仕事に取り組んでみたのかどうかを。そうでなければ、何度転職を繰り返しても、一生、これが自分の天職だ、私の人生でなすべきことだ、私の果たすべきミッションはこれだと思えるような仕事に辿り着くことができない可能性が高いのです。

まとめ

「とりあえず」と思って就いた仕事でも、やる以上は心をこめて、本気で取り組んでみましょう。我を忘れて、無我夢中で取り組み続けることではじめて、いつの間にか、その仕事があなたの「天職」となるのです。

14

人に喜ばれる喜びが、生きる意欲につながる

フランクルは、自分の人生を振り返るための手がかりとして、三つの価値のカテゴリーを用意しました。次に、二つ目の体験価値についてお話をしたいと思います。

体験価値

「体験価値」というのは、文字どおり何かを体験することによって実現される価値のことです。

つまり、自然の体験や芸術の体験、あるいは、人生における重要な体験、例えば誰かを愛する体験や、子育ての体験など、人との触れ合いの体験によってもたらされる価値のことを「体験価値」と言います。

真善美を味わうような体験、人との心の深い触れ合いの体験などによって、世界から何かを受け取ることで実現される価値のことです。

体験価値の中でも、とりわけ大きいのが、自然や芸術の体験と、人との触れ合いの体験です。

例えば、私が以前に講演旅行でうかがった島根県でのことです。地元の方といっしょに宍道湖《しんじこ》を見ながら、湖面に夕日が静かに沈んでいくのを眺めていました。本当に美しい光景で、地元の方も、「こんなにきれいな夕日を見るのは、四十数年ここにいてはじめてだ。先生はそういうときに居合わせてラッキーですよ」とおっしゃるほどでした。

そのように、圧倒的な夕日の美しさに感動する体験。それを通して実現される価値が「体験価値」です。

フランクル自身は登山が大好きなので、体験価値の例としても、登山に関わることを示すことが少なくありません。

例えば、アルプスの高山に登って、背筋が寒くなるほど美しい、あまりにも美しい光景に圧倒されるような体験。

あるいは、コンサートホールでシンフォニーに耳を傾けて、ゾクゾクするほどの感動に包まれる体験。

あるいは、絵画を見て心を揺り動かされる体験。

そういう体験によってもたらされる価値を「体験価値」と言うのです。

そういう体験をしている最中に、例えば、隣にいる人から、「あなたの人生には意味があるでしょうか」と問われたとしましょう。

「そんなこと、聞くまでもないじゃないか」と、この人は答えると思います。この瞬間のためだけに生まれてきたのだとしても構わない。そのような強い思いを抱く方もいるはずです。

このような芸術の体験や、圧倒的な自然の体験。これは、アブラハム・マズローの言った「至高体験」の一種です。

生きていて、そう何度も得られるものではありませんが、「この一瞬のためにだけ生きているとしても、構わない」と思えるような、そんな、この上ない体験。これをマズローは至高体験と言うわけです。

この一瞬さえ手に入るならば、ほかのすべてを失っても構わない――フランクルも、そうした体験の意味を重く見ています。それによって極めて大きな価値が実現されると考えているのです。

フランクルは、こんな例も挙げています。重い障害を持って生まれたお子さんを、神様のように崇拝し、限りなく愛した母親の例です。（『それでも人生にイエスと言う』）
母親の無償の愛の甲斐なく、お子さんは歩くことも、話すこともできなくなってしまいました。しかし、この母親は諦めず、その子のために昼夜働きどおし、薬を買って、抱き締めて、愛し続けました。すると、あるときお子さんはお母さんに抱きついて、微笑んで、小さな手で不器用にお母さんの顔を撫で始めたといいます。

限りない、無償の愛をお子さんに注ぎ続けた母親。そして、それまでほとんど反応がなかったにもかかわらず、無償の愛に対して、母親の頬を一所懸命撫でるという行為で応えたお子さん。この瞬間に、母親は大きな喜びに包まれました。

彼女は言います。

「そのとき私は本当に幸せでした」――たとえ障害を持った子供であっても、この母親にとって、子供の存在そのものがまさに神様のように神々しい光を放つものと感じられたのでした。

フランクルは、人と人との心の触れ合い、深いところでの心の出会いによって実現される価値を極めて重く見るのです。

人に喜ばれる体験が生きるエネルギーとなる

私が、フランクル心理学の基本的な考え方を教わった、高島博《たかしまひろし》先生から伺った話です。高島博先生は、あらゆる日本人のなかで、最もフランクルと親交の厚かった方です。

余命三ヵ月しかないと宣告されたおばあさんがおられました。このおばあさんが、次第に自己中心的な態度をとり始めました。「どうせ私は死ぬのだ。治らない病気に罹っているのだ。みんなこんな私のことを哀れんでいるに違いない」と。見舞いに来てくれた家族に対しても、担当の看護師さんに対しても横暴な態度をふるい続けていました。

もはや自分の容姿も気にかけなくなって、なりふり構わなくなっていた彼女が、あるときふと窓の外を見やったとき、彼女の目に映ったのは、疲れきっている通勤中のサラリーマンの姿でした。おばあさんの病室は、都心のオフィス街の大きなビルの九階にありました。九階から下を覗くと、整然と歩くサラリーマンの列が見えたのです。最初は羨ましいなと思っていたのですが、よくサラリーマンの顔を見てみると、どうも幸福そうではない。疲れきっているということに気づきました。

翌日から、おばあさんは看護師さんに頼んで、洋服を整えて、お化粧をし、車椅子を押して外に出させてもらって、出勤を急ぐサラリーマンの方への挨拶を始めました。道をゆく人、一人一人に「行ってらっしゃい」「今日もお疲れさま」と語りかけていったのです。

サラリーマンの方は、当然のことながら急いでいるので、最初はほとんど相手にもしてくれなかったそうです。しかし、毎日のように「行ってらっしゃい」「今日もお疲れさま」と、一人一人に笑顔で挨拶をするおばあさんに対して、そのことに気づいた何人かのサラリーマンの方は足を止めて、「ありがとう。おばあちゃんこそ、お元気でね」「おばあちゃんの顔を見ないと一日が始まらないよ」「おばあちゃんと挨拶をすると、今日もがんばろうと心のスイッチが入るよ」とおっしゃる方も出てきたそうです。そのことがおばあさんの生きる喜びに変わっていったのです。

サラリーマンの顔が元気になり、微笑みが戻ってくるにつれて、おばあさん自身の生きるエネルギーも回復してきたわけです。

それが大きな心の支えとなってか、おばあさんは余命三ヵ月の宣告をうけてから、六ヵ月も生きることができたのだそうです。

まさに、人に喜んでもらえることの喜びが、自分自身の生きるエネルギーとなって跳ね返ってきた好例だと思います。

もう一つ、ある非行少年のお話があります。

その少年は何人かでつるんで、例えば万引きをしたり、人に暴力をふるったり、物にイタズラをしたり、人に迷惑をかけることをさんざんしていたのです。彼は口を開く度に「どうせ俺なんか……」が口癖でした。

どうやら、この子は自己否定の気持ちが強いらしい。そう思ったある先生が、その少年を保育園のボランティアに行かせることにしました。

少年が保育園に行くと、子供たちは「お兄ちゃん、遊んで」と寄ってきます。寄ってきた子供たちと楽しく遊んでいるうちに、「俺なんか何の値打ちもない」と思っていたけれども、この子たちは喜んでくれる、必要としてくれるという体験をして、非行が収まっていったそうです。

「どうせ俺なんか、何の値打ちもない」『俺なんか誰からも必要とされていない』『俺なんか、いてもいなくても同じ存在だ』――こうした否定的な言葉が口癖になっていた少年ですが、ボランティアをすることで、人から喜ばれる自分、人から必要とされる自分を感じることができ、自己肯定感が上がって、前向きな生き方へと変わっていけたのです。

こうした例からもわかるように、私たちは、「人から必要とされることを必要としている存在」です。「人に喜んでもらえることを必要としている存在」です。

ここで、先ほどの創造価値と体験価値が一つになります。特に最近の若者たちは、直接人に喜ばれる喜びを体感したいという傾向が強いようです。

人の喜びが自分の喜びに変わっていく。それは体験価値でもあり、また創造価値でもあります。

これは働くということの本質に属することではないかと私は思っています。

まとめ

圧倒的な自然にうち震える体験。芸術作品に心の底から揺り動かされるような体験。そして、人とのあいだの深い心と心の触れ合いの体験。それは何にも代え難い、大きな価値創造のチャンスです。

とりわけ、人に喜んでもらえる喜びは、私たち自身の生きるエネルギーへと転化されていきます。

15

「変えられない運命」に対してどのような態度をとるかで、人生の価値は決まる

運命の変えられない側面に、どのような態度をとるか

「人生の価値」のカテゴリーの三つ目、「態度価値」についてお話しましょう。

私たちはしばしば、自分の運命を何か固定的なもののように考えてしまう悪癖に囚われてしまいます。もっとお金持ちの家に生まれればよかった。もっと美人に生まれればよかった。もっとさまざまな才能に恵まれていればよかった。もっと運動神経がよければよかった……。こういう愚痴をこぼしたくなったことが、どんな人にもおありだと思います。

確かに、私たち人間は、すべて平等な条件の下に生まれているとは言い難いところがあります。経済的条件や家庭環境も当然のことながら、最も変え難い運命は、その方がどんなDNAを持ってこの世に産み落とされているかということです。

しかし、今の自分の不幸を運命のせいにしてしまっていると、自分の人生そのものを変え難いものであるかのように感じてしまう癖が身についてしまいます。

さて、私たちの運命は変えることができないのでしょうか。それとも、変えることができるものなのでしょうか。

私は、人生には変えることができない側面と、変えることのできる側面との両方があるように思います。

人生の「変えられない側面」に対しては、それを敢然と受け止める。けれども、人生の「変えられる側面」に対しては、自分自身できっぱりと責任を取って人生の舵取りをしていく。これが、前向きで潔い生き方をしている人の基本的なスタンスだと思います。

例えば、自分ではとても好きになれない容姿に生まれた方がいるとします。容姿には、確かに変え難い面があります。最初は、そのことによって、「どうせ俺はカッコわるいから」と、自分の今の境遇を、すべて容姿に原因があると考えて投げ遣りな人生態度になっている人がいるとしましょう。

ここには、人生の事実と不幸との過剰な同一視が見られるわけです。ちょっと立ち止まって考えてみましょう。

私はこのような顔に生まれた。→　だから私は幸せになれない。

この文章を読んで、論理的な飛躍があることに気づかれる方も少なくないのではないでしょうか。このような容姿に生まれた。それは確かに事実です。これは受け止めるしかないのかもしれません。しかし、「だから私は不幸にしかなれない」というのは、その方自身が自分の心の中でつくった受け止め方であり、ストーリーです。

私はこんな容姿に生まれてしまった。けれども、私は私なりに、自分の顔が嫌いではないし、自分の個性を活かすように、こんな笑顔をつくって毎日生きていこう。爽やかな笑顔で毎日生きていこう。そういう姿勢で生きることもできるわけです。

「ブスであること」を売り物にした女性

少し前に、あるテレビ番組で、自分が「ブスであること」を売り物にして銀座でナンバーワンのホステスさんになった女性の話をとりあげていました。最初は、自分はこんな容姿なので、銀座で売れるはずがないと思って、影を潜めて活動していたわけですが、あるとき、「自分はどうせブスなのだから、ブスを売り物にしていこう」と思い至ります。そうして、自分のダメなところを笑顔でオープンに語る、明るいホステスさんになっていったのです。

そうすると、銀座に来る多くのサラリーマンの方も、やはり会社でストレスを溜めています。上司に怒られる、同僚とうまくいかない。なかなか業績が上がらない。そんな弱音を、気取ったホステスさんの前では口にすることができないけれども、ブスを売り物にし、自分の弱点をオープンにすることをキャラにしたホステスさんの前では、安心して愚痴をこぼせるということがわかってきました。

「最近、業績が上がらなくてさ……」「あの上司と馬が合わないんだ、どうしよう」「なんか最近、職場の雰囲気が悪くて……」というような、一番言いたい愚痴を、美人のホステスさんの前では、ついカッコをつけて押さえ込んでしまう。その気持ちを、ブスであることを自分のキャラクターにした笑顔いっぱいのホステスさんの前では語ることができる。「本音を語れるホステス」というキャラクターが人気を上げていき、遂には銀座で一番人気のあるホステスさんの一人になっていったのだそうです。

これは非常に大きな示唆に富んだ話だと思います。自分の容姿という、変えられない事実があります。この事実をどのように受け止めて、どう活かしていくか。そこに私たちの態度決定の自由があります。

自分に与えられた人生の事実（運命）がある。けれども、それを生かすか殺すかは、私たちの生きる姿勢そのものにかかっているのです。

私はプロレスが大好きなので、アントニオ猪木さんの、若手プロレスラーの頃のエピソードを紹介しましょう。

猪木さんは、ご存知のようにアゴが長いので、最初は、俺のアゴはなぜこんなに長いのか、一種の奇病ではないかと悩んだ時期があったそうです。それをコンプレックスに思ってしまって、いつもアゴが目立たないような姿勢で試合をしていたそうです。すると自然と猫背になり、華がなくなって、全然人気が出ない時期が続いたのです。

思いつめた猪木さんは、ある整形外科医に行き、「先生、このアゴは病気でしょうか。手術で取れないでしょうか」と、相談されたそうです。すると、その先生が立派な方で、「猪木さん、何をおっしゃる。あなたのアゴが短かったら、単なる普通の顔じゃないですか。誰も覚えてくれませんよ。プロレスラーは人気商売、顔を覚えられてナンボの商売ですよね。そう考えると、そのアゴこそあなたの商売道具です。次の試合から、できるだけアゴを突き出して、アゴが目立つように、アピールをして試合をしてください」とおっしゃったのです。

猪木さんは、「そんなものかな」と思っていましたが、すべて面倒くさくなって、エイヤとアゴを突き出して試合をしていると、そのアゴの突き出し方がいかにも闘志満々に見えて、人気が急上昇したわけです。「燃える闘魂アントニオ猪木」のガッツポーズは、こうやって誕生したのです。

これらの例でわかるように、変えられない人生の事実、運命に対してどういう態度をとるかによって、自分の人生を価値あるものにすることができたり、できなかったりする。そういった、「態度決定の自由」が私たち人間には与えられています。変えられない運命、変えられない事実に対してどのような態度をとるかによって実現される価値のことを、フランクルは「態度価値」と言います。

フランクルはこのように言います。

――この態度価値が存在することが、人生が意味を持つことを決してやめない理由である。創造価値と体験価値の両方を奪われてしまった人でも、なお充足すべき意味によって、すなわち、真っ向から正しく苦悩することの意味によって、私は人生から絶えず挑まれているのだ。

『意味への意志――ロゴセラピーの基礎と応用――』

人生を意味あるものにし続けた男性

フランクルは、「人間にはさまざまな悩みがある。しかし、正しい悩み方と正しくない悩み方がある。人間にとって重要なこと、人生においてとても重要なことは、正しく悩むことである」と言います。フランクルが言う正しい悩み方というのは、自分に与えられた変えられない運命を真正面から受け止めたうえで、それに対してどんな態度をとりながら生きるかを悩むことです。

フランクルがさまざまな本で態度価値について説明する際に、繰り返し引用している事例があります。フランクルがまだ若い当直医だった頃の話です。

ある売れっ子の広告デザイナーの若い男性がその病院に入院していました。彼は悪性で手術することすらできない、重い腫瘍を患っていたのです。この腫瘍のせいで手足は麻痺してしまい、それまでのデザイナーの仕事を続けることができなくなってしまいました。すなわち、彼はここで創造価値を実現する可能性を奪われてしまったわけです。手足が麻痺してしまっているために、ずっと寝転んでいることしかできなくなってしまいました。

それでも、人生に対して真摯な態度をとり続ける彼は、なんとか生きる意味を実現しようとして、猛烈な読書に励みました。また、ラジオで音楽を聴いて、ほかの患者の方とも会話を楽しむようにしてきました。

しかし、悲しいことに、その後、病気の進行によって筋力がすっかり衰えてしまい、遂に書物を手にすることすらできなくなってしまいました。さらに、頭蓋骨の神経の痛みのために、ヘッドフォンの重みにさえ耐えることができなくなり、音楽を聴くこともできなくなってしまったのです。ほかの患者さんと心の触れ合う会話をすることもできなくなってしまいました。つまり、ここで彼は、創造価値を実現できなくなったことに加えて、体験価値を実現することもできなくなってしまったのです。

しかし、この患者さんはそれでもなお、自らを見舞ったその状況に対して、次のような態度をとることによって人生を意味あるものにし続けることができたとフランクルは言っています。

自分の生命がもう長くないこと、おそらくあと数時間しかないということを悟った患者さんは、自分のベッドを通りかかった当直医、若い時代のフランクルを呼び寄せて、こう伝えたそうです。（『それでも人生にイエスと言う』）

「先生、午前中に病院長が回診したときにわかったのですが、私には、死ぬ数時間前になったら苦痛を和らげるためのモルヒネを打つように指示が下されているようです。つまり、私の命は今夜でもう終わりだと思います。そこで、今のうちにその注射を済ませておいていただけませんか。そうすれば先生も、私のためにわざわざ安眠を妨げられずにすむでしょうから」

フランクルは、次のようなコメントを加えています。

「この人は、人生の最後の数時間でさえ周りの人を労わり、気を配っています。どんな辛さ、苦しさにも耐えた勇気に加えて、こうしたさりげない言葉。周りの人を思いやり続けたこの気持ちを見てほしい。まさに死の数時間前のことなのです。ここには素晴らしい業績があります。職業上の業績ではなく、人間としての、比べようがないほど大きな業績があると言えると思います」

フランクルは、人生は、まさに死の直前まで意味を失うことがないと訴えています。息を引き取るそのときまで、その人によって実現されるべき意味がなくなることはありません。遂に人生が終わるその瞬間まで、意味は絶えず送り届けられていて、その人に発見され、実現されるのを待っているのです。

どんなときも、人生に意味がなくなることはないということ。いかなる苦しい状況にあっても、私たちの生きる意味は必ず存在していて、絶えず届けられているということ。そして、その生きる意味は、私たち一人一人によって発見され、実現されるのを待っているということ。フランクルは、この事例を通してこのことを訴えかけているのです。

まとめ

容姿、才能、家柄……私たちは人生に、さまざまな「変えられない運命」を伴っています。そこで重要なのは、運命に流されてしまうか、それとも、運命に対して毅然とした態度をとることによって、自分の人生を前向きなものに変えていくことができるかです。

自分に与えられた運命に対してどういう態度、どういう生きる姿勢をとることができるかが、人生における最も重要なものなのです。

16

「幸福を追い求める生き方」を
「人生からの問いかけに応える生き方」へと転換せよ

幸福は求めない

これまで、フランクルの基本的な考え方を紹介してきました。生きる意味は、どんなときにも、常に既に与えられているということ。たとえ私たちが人生に絶望していても、人生が私たちに絶望することはないということ。どんな状況にあっても、三つの価値実現の可能性は決して奪われはしないということ。

こうしたフランクルの考え方の根本にあるのは、人生というものについての私たちの考え方を根本的に変えるような、「ある発想」です。それは、自分の幸福を求める生き方をやめて、「人生からの呼びかけ」に応える生き方へと転換する、生き方の根本的な転換です。

三十五ページでも触れたように、フランクルは、「幸せを求めるから、幸せは逃げていくのだ。幸せを手放し、ただ無我夢中になって、なすべき仕事をしたり、愛すべき人を愛し始めたときに、自ずと幸福は手に入るはずだ」と言います。

こうしたフランクルの考え方の根っこには、次のような基本的な思想があります。フランクルはこう言います。

人間が人生の意味は何かと問う前に、人生のほうが人間に問いを発してきている。だから人間は、本当は生きる意味を問い求める必要はないのである。人間は、人生から問われている存在である。人間は生きる意味を求めて問いを発するのではなく、人生からの問いに答えなくてはならない。そして、その答えは人生からの具体的な問いかけに対する具体的な答えでなくてはならない。

『医師による魂の癒し』

フランクルはこのように、人間が「自分はどう生きるか」と人生に問いかけるのに先立って、人生のほうからの問いかけ、呼びかけが、常に既に届いてきている。それに答えることが何よりも優先するのだと考えるわけです。

私がこのフランクルの考えにはじめて出会ったのは大学三年生のときでしたが、目の前がクラクラとして、世界がひっくり返るほどの衝撃を受けたのを憶えています。

なぜならば、この考え方は、私たち現代人の生き方、生きる構えそのものに根本的な転換を迫ってくるものだからです。

つまり、「自分の幸福を求めて、自分がしたいこと、やりたいことをするのが人生だ」という人生観から、自分が人生からの問いかけに答えること、すなわち、「自分がこの世に生まれてきたことの意味と使命とを全うしていくのが人生だ」という人生観へと、生き方を根本から転換することを求めてくるのです。

こうした生き方の転換が、私たちが永遠の不満の状態から解放されて、「私は、なすべきときに、なすべきところで、なすべきことをしている」という深い生きる意味の感覚に満たされて生きていくことができるようになるためには必要なのだと、フランクルは言うわけです。

そのときに、私たちは具体的にどのように物事を考えたらいいのでしょうか。重要になってくるのが次の三つの問いです。

「この人生から私は何をすることを求められているのだろう」

「私のことを本当に必要としている人は誰だろう、その人はどこにいるのだろう」

「その誰かや何かのために私にできることは、何があるのだろう」

この三つの問いを絶えず自問自答して生きていくことで、私たちは幸福を追い求める生き方（＝自己実現中心の生き方）から、人生からの呼びかけに応える生き方（＝意味と使命中心の生き方）へと大きく転換していくことになります。

例えば、キャリア心理学では、よく次のように問います。

「あなたがしたいことは何ですか。あなたの人生の目標は何ですか。どんな希望や願望を実現したいでしょうか。その目標を十五年後に達成するために、まずはどのようなことから始めたらいいでしょうか」

しかし、人生観そのものの根本的な転換を迫るフランクルの心理学では、こうした問いそのものを逆さまにします。

そして、「あなたは、この人生で今何をすることを求められていますか。あなたがしたいことではなく、あなたのことを本当に必要としている人は誰でしょうか。その人はどこにいますか。その誰かや何かのために、あなたにできることには何があるでしょうか」と、このように自問自答せよ、とフランクルは言うわけです。

「生きる意味」は一度きり

このように、生きる意味を見つけるために、生き方の根本的な転換を迫るフランクルですが、フランクルがここで「生きる意味」と言っていることは何を意味しているのだろうと思う方もおられるかもしれません。

フランクルの言う「生きる意味」を理解するために押さえておくべき点が二点あります。

一つは、「意味の独自性」ということです。

意味の独自性というのは、「生きる意味とは、特殊具体の人間が関わる特殊具体の状況においてのみ存在するものだ」ということです。つまり、どんな人にも当てはまる、どんなときにも通用する人生の意味などというものは存在しないとフランクルは考えています。フランクルの言う意味とは、ある特定の人が、ある特定の場面において見出し、実現すべきこと。つまり、人生の特定の状況における意味なのです。

人間が刻一刻と出合う状況には、それぞれまったく異なる意味が存在しているとフランクルは言います。この状況にはこの意味が、あの状況にはあの意味が当てはまるのです。意味はその都度の、「時の要請」なのです。私たちがその時々に出合う、その時が要請してくるものが、その人が実現すべき意味なのです。

毎日、毎時が新しい意味を差し出してくる。フランクルの言う意味は、あくまでも、今ここでの、この私の意味。今、ここで、この私の人生に与えられた意味なのです。「そもそも人生にはこうした意味があって」といった、超文脈的な性質の(誰にでも当てはまる、普遍的な人生訓のような)ものではありません。すべての人に当てはまり、人生のすべての状況を貫き通っているような人生の普遍的な意味というものは存在しないのです。そして、意味というものが特殊な(その人の人生の、その時に固有な)ものだからこそ、生きる意味は人の魂を揺さぶる力を持っているのです。

この点について、フランクルはヒレルの言葉を引用しています。

もし私がそれをなさないのであれば、誰がそれをなすというのだろう。そして、もし、私がそれをたった今なさないのであれば、私はいつそれをなすべきであろうか。「もし私がそれをなさないのであれば」――この言葉は私自身の独自性を示しているように思われる。「もし私がそれをたった今なさないのであれば」――この言葉は私に、ある意味を実現するためのある機会を与えてくれる、過ぎ去りつつある時間の瞬間の一回性を示しているように思われる。

『意味への意志――ロゴセラピーの基礎と応用――』

つまり、フランクルが言う人生の意味は、すべての人に次のような問いを突きつけているのです。「今、ここで、その意味を実現せよ。この意味を満たしうるのはあなた一人しかいないのだから。そしてこの意味を実現する機会は、たった今このときをおいて、ほかには決してないのだから」

フランクルはこのように、読者を挑発しているわけです。

主観を超えて

もう一つ、フランクルが言う、生きる意味の重要な点は、意味の「超主観性」です。これは、文字通り「主観を超えている」という意味です。では主観ではないから客観かというと、そうではありません。

超主観的というのは、観察による確認や、論理による立証といったことではなく、あるものがただ主観を超えている、主観に還元され得ない、そういうリアリティを持っているということを言っているわけです。

最近の思想界では、一九八〇年代のポストモダニズム以降、すべては相対的であるという風潮があります。そして、ポストモダニズム、すべてを相対化する思想の影響において現代人も、すべては好き好き――「あなたはそう言うけど、私はこう思うわ」と――すべての考えは相対的であり、個人的であるという考え方が支配的になっています。

しかしフランクルは、一人一人が、今この状況において実現すべき意味は、一人一人が自分で勝手に決めていいものではないと考えます。

一人一人の思いや欲望を超えて、それに先立って、自分自身の主観を超えたところから、あなたの今の人生における意味はこれなのだから、これを実現せよと、絶えずその人に迫っている。そういう意味で「超主観的」なものであると言っているのです。

最後に、フランクルの生きる意味を理解するうえでとても重要な点は、生きる意味というのはつくり上げるものではなく、発見すべきものだということです。

フランクルは、「生きる意味は自分でつくるものだ」という考えを、不遜な考えであるとして退けます。人生の意味は、私たちが自分でつくりだしていいものではないと考えているのです。

フランクルの考えでは、ある特定の状況において、ある人によって実現されるべき意味はたった一つしか存在していません。ただ一つの意味だけが、その人にとって、その人生の状況が持つ正しい意味であり、そのほかはいずれも的外れにすぎないと言います。

私たちの問いにはたった一つの答え、正しい答えしかないのであり、それぞれの問題にはたった一つの解決方法しか存在していません。そして、人生のそれぞれの状況には、たった一つの意味、真の意味しか存在していないのです。人生において重要なのは、意味付与ではなく、意味発見、ある意味を与えることではなく、かの意味の発見が重要なのである。

『医師による魂の癒し』

フランクルはここで「意味発見」という言葉を使います。「私たちが、人生のある状況に立たされたとき、そこで見出され発見されるべき意味はたった一つしか存在していない」とフランクルは言います。

これは大変厳しい考え方だと思います。人間は自分の生きる意味を自分勝手につくりだすということをしてはいけないというのです。

フランクルは、このように言います。

私たちは、ここで人生の意味とは何であるか。その結論に辿り着いた。意味とは、意味されているものである。それが私に問いを発する人についてであり、あるいは、私が直面する人生の状況——そのうちに、ある問いを含み、私にある答えを求めてくる状況——によってであれ。……（中略）……私は、私が問われている問いの真の意味を見出すために、ベストを尽くさなくてはいけない。

確かに人間は、自分が人生から問いかけられる問いに自由に答えることができる。しかし、この自由は、自由勝手と混同されてはならない。人間は、人生からの問いに正しい答えを与える責任がある。ある人生の状況の真の意味を見出すことに責任があるのである。

——このようにフランクルは、その人が実現すべき人生の意味はたった一つしか存在していない。その人生の意味が、絶えずその人に訴えかけている。その意味を見出せ。そして、今この状況において、その意味を実現せよ、と迫ってきている。人間は、生きる意味から絶えず挑発され、チャレンジされている存在なのだと考えるわけです。

まとめ

「自分中心」、「自己実現中心」の生き方から、「人生からの呼びかけに応える生き方」「意味と使命中心の生き方」へと、生き方を百八十度転換せよ。そうしなければ、真に穏やかな幸福は決して手に入ることはないのです。

17

失われた時間、失われた機会は、
二度と戻ってくることがない。
人生で最も貴重な財産は、「時間」なのである

人生における最も貴重な財産は時間である

ここで注目したいのは、フランクルが、「失われた時間は二度と戻ってこない」と言っている点です。

時間は止まることがありません。

今も、また今も、時は過ぎ去っています。

私たちがぼんやりとしてしまっていて、見失われたまま過ぎ去っていった時間は、永遠に失われたままになってしまいます。

今、このときは二度と取り戻すことができないのです。

例えば、今私は五十歳ですが、五十歳という「今、このとき」は、永遠に取り戻すことができません。たとえあと、十年後に私が同じような本を書いていたとしても、今の五十歳の私がこの本を書いていることの意味と、十年後の私が書いていることの意味とはまったく違ったものになるし、内容もまったく異なったものになると思います。私が今、このときに書ける本は、今このときしか書くことができないのです。

もし、私がボンヤリと意味実現の機会を見失ったまま、時間が過ぎ去るのに任せていたとすれば、そこで過ぎ去ってしまった時間は永遠に失われたままになってしまいます。時は刻一刻と過ぎています。しかも、実現する機会がありながら、ただボンヤリと見失われてしまった時間は、二度と戻ってくることはありません。このことを念頭に置くと、いかに時間というものが貴重かということが身に染みてわかってくるように思います。

私は常々、人生において最も重要なものは仕事の業績ではない。ましてや金銭でもない。人生で最も重要なものは時間である。特に、大切な人と触れ合える時間である。そのように言っています。

今、この瞬間、五十歳と十ヵ月の私は、もう二度とこの世に存在することはないし、私の周りの大切な人の時間も、今、このときをおいて二度と戻ってきません。私の大切な学生や友人たちも、三年後には、今とはまったく違った存在になっているわけです。

今の私と今のあなた。今の私と今のその人が触れ合える機会は、今、この瞬間をおいて二度と戻ってくることはないのです。

時間についてのこのような見方を前提とすれば、私たちは人生において、「絶えず時間から挑発されている」「時間から絶えず呼びかけられている」

——そのように言っていいと思います。

時間が絶えず私たちに問いかけを発してきている。今、このときをおいて、この時間の意味を実現するチャンスは二度と戻ってこない。今、このときの生きる意味を実現するチャンスをぼんやりと見失ってしまったならば、そのチャンスは二度と戻ってこない。永遠に失われたままになってしまう。今、このときに実現すべき意味を、今このときに実現せよ。私たちは絶えず時間から挑発され、呼びかけられている。そのように思います。

私は人間存在を定義するときに、「人間は時間から呼びかけられている存在」である。人間は「時間から挑発されている存在」である。このように説明しています。「挑発する時間」「呼びかけてくる時間」という時間論を提示しているのです。

五年単位で人生を生きる

もう一つ、私がカウンセリングをしながらしばしば感じていて、ここでお伝えしておきたいのは、「人生は、ほぼ五年でステージが切り替わっていく」ということです。

ここで立ち止まって、皆さんの人生を考えてみてください。

五年前、あなたは何をしていたでしょうか。

五年後のあなたは何をしているでしょう。

人生で十年計画を立てよう、十年後の自分について考えようという方もいますが、私は、それはあまり有効な考え方ではないと思います。十年経てば、時代も状況もまったく変わっています。自分の内側をいくら見つめたところで、どのように世界の状況が変わるか、自分の身の回りで何が起こるか、日本社会の状況が変わるか、正確に予測できる人など誰もいません。

そう考えると、私たちがとりあえず目標を立てるべき時間軸、時間の幅というのは「五年」だと思っています。私が常々申し上げているのは、五年経ったら、あなたも今のあなたとは違う存在になってしまう。今のあなたは、五年後にはもうまったく違う存在になっているということです。ですから、「五年単位でプランニングして人生を生きよう」というのが、私の基本的な提案です。

「もし、五年後に自分が何らかのアクシデントでこの世からいなくなってしまったとしたら……」いつもそのように考えて、もし仮にそうなったとしても、「これだけのことをしておいたら、心の底からの後悔はしなくてすむ」と思える生き方を、絶えず心がけて生きていたいと私は思っています。

私はもうすぐ五十一歳になります。五十一歳から五十六歳の五年間で自分にできることは何だろう。この五年間でこれだけはしておかないと大きな悔いが残る、ということには何があるだろうか。このように、絶えず自問自答しながら生きていきたいと思っています。それが、「悔いのない生き方」を実現するための具体的なコツだと思っているのです。

失われた時間は二度と戻ってくることはない。今も、また今も時間は過ぎ去っていて、今このときにおいてあなたが実現しうる意味は一つしかない。二度と戻ってこない「時の要請」=「意味実現のチャンス」から、人間は絶えず呼びかけられていると、フランクルは言っています。

このことを言い表すために、フランクルはこういう例えを用いています。

あたかも既に二度目の人生を生きているかのように、そして、あたかも、あなたが今まさに誤って行為してしまおうとしているのと同じ過ちを、一度目

の人生において行ったかのように生きよ。

フランクルの、この格言以上に人間の時間に対する責任感を刺激するものはほかにないのではないでしょうか。

この格言は、仮に、現在は過去であって、その過去が今でも変更され修正されうるのだと想像しつつ生きるように人を導いてくれます。そうすることで、人は自分の人生や時間に対する責任意識を喚起することができるのです。

わかりやすく言うと、既に一回生きた人生をもう一回生きているかのようなつもりで、今の人生を生きてみなさい、とフランクルは言っているのです。しかも、前の人生でしたのと同じ失敗を、今もまた繰り返そうとしているかのように、絶えず想像しながら日々を送りなさいと。これが、人生をきちんと生きるコツだとフランクルは言うわけです。

人間は絶えず、「時間から挑発され、問いかけられ、呼びかけられている存在」です。「今の人生は二度目の人生で、しかも、前とまったく同じ人生をもう一回生きているのだと想像してみる」ことが、心を込めて誠実に人生を生きるヒントになるとフランクルは言っているのです。

まとめ

人間は、「絶えず時間から呼びかけられている存在」です。失われた時間は、二度と戻ってくることはありません。

「悔いのない人生」を送るためには、「これからの五年でこれだけはしておきたい。これをせずに死んでしまったら後悔する」ということを、いつも念頭において日々を生きるようにしましょう。

18

悩んで悩んで悩みぬけ。苦しんで苦しんで苦しみぬけ。
絶望の果てにこそ、暗闇の中に
一条の希望の光が届けられてくるのだから

絶望の果てにおいてこそ……

「生きる意味」をテーマとするフランクルの心理学は、人生に絶望しきった人の心にこそ、強く響く心理学です。

今、さまざまな悩みや苦しみを抱えている方がたくさんおられます。日本では自殺者が毎年三万人を超えています。しかも、自殺者が三万人いるということは、未遂者は、一般にその十倍から二十倍はいると言われますから、じつに三十万人〜六十万人の方が死の寸前まで追い込まれていることになります。この一年のうちにふと「死にたいな」という気持ちがよぎったことのある方は、三百万人くらいはいるのではないでしょうか。

それほど私たちは大きな悩み、苦しみ、絶望の淵を生きているのです。今の自分には自殺など関係ないと思っている方も少なくないかもしれません。しかし、こういった現実を鑑みれば、いつ自分の番が巡ってくるかわからないこともまた真実です。

このような状況のなかで、私たちはいったいどう考えていけばいいのかこれまでお話ししてきましたが、ここでもう一度大事なポイントをふり返ってみましょう。

フランクルは、安易なポジティブシンキングを否定します。

苦悩の意味、苦しみの意味について、フランクルは繰り返し語っています。苦しむべき苦しみを正しく、本気で苦しむことができること。悩むべき悩みを正面から受け止めて、徹底的に悩むことができること。悩み、苦しみに対するこうした姿勢に極めて大きな価値を見出したのが、フランクルの大きな特徴です。

悩むべき悩みをきちんと悩んでいない。苦しむべき苦しみをきちんと苦しんでいない。それによってその人は、人生の本筋から遊離してしまい、人間的成長のチャンスをむしろ失うことになってしまう――フランクルは、浅薄なポジティブシンキングに対してこのように考えます。

フランクルの答えは、次のようなものです。

苦しみを苦しみぬけ。悩むべき悩みをとことん悩みぬけ。
悩んで、悩んで、悩みぬけ。苦しんで、苦しんで、苦しみぬけ。

その果てにおいてこそ、私たちに真の希望が届けられてくるのだから……。

「もう、私にできることは何もない」『私の人生に意味などありはしない」『こんな私なんて、もうこの世に存在しないほうがましだ」『もういっそ消えてしまいたい」そんな思いに駆られて、絶望のどん底に沈んでいる方もおられるでしょう。

しかし、フランクルは言います。

あなたのその絶望には意味がある。

絶望すべきときにきちんと絶望すること。絶望すべき人生の事態に直面したときに、そこから目を逸らして逃げて生きるのではなく、絶望すべき事態にきちんと直面して、絶望しきること。

なぜなら、絶望の果てにおいてこそ、大きな希望が、私たち人間を超えた大いなるところから、自ずと届けられてくるのだから……。

人生の希望の光は、そういった形で私たちの意思に関わりなく……いいえ、むしろ、私たちの思いが打ち砕かれたときにこそ、届けられてくるものなのです。

悩んで悩んで悩みぬけ

私にもそのような体験があります。私がフランクルの言葉に最初に出会ったのは、大学三年生のときだとお話ししました。さまざまな悩みを悩みぬき、大きな苦しみを抱えて、私は今にも自分の存在そのものが消滅せんばかりに打ちひしがれていました。

ある秋の日のこと、「これから自分がどう生きればいいのか。その答えを得ることができなければ、もう死んでしまおう」――そう思い、それから三日三晩、食わず寝ずで、ひたすらその答えを求めて考え続けていきました。

三日後……答えは出ませんでした。「もうダメだ、すべて終わった」と思い、とうとうすべてを手放して、家の中で大の字に寝転がっていたとき……そのとき、私は見たのです。私を超えた大いなるいのちの働きが、そこに働いていることを。

「もっとこうありたい」「こう生きたい」という私の思いや願望が打ち砕かれ、自我（エゴ）の存在が粉々になったその瞬間に、そこではじめてエゴの混じりけのない、純粋ないのちの働きが、それ自体として形をなし始めていたのです。

「ああ、これが私の本体なのだ。このいのちの働きによって、私は生かされているのだ」——そう気づいた瞬間、私は救われました。「私」が打ち砕かれたその時に、大いなるいのちの働きこそ、私の真の姿なのだ、という真実に目覚めることができたのです。

その気づきをもたらした一つのきっかけが、一八七ページでも触れたフランクルの「人間は人生に問いを発する必要はない。問いを発する以前に、人生のほうから問いかけ、呼びかけが発せられてきているのだ」という言葉でした。

人間が人生の真実——大いなるいのちの法則——に気づくことができるためには、自我（エゴ）が粉々に粉砕されることが必要です。しかし、それは簡単な修業によって成し遂げられるものではありません。修業によって自分を純化しようという努力そのものが、結局エゴの働きに絡み取られてしまう危険性が少なくないからです。

では、どうすればいいか。

私は、こう言いたいと思います。

あなたのその苦しみには意味がある。

悩んで、悩んで、悩みぬけ。

苦しんで苦しんで苦しみぬけ。

悩みぬき、絶望し切ったその果てに、あなたのエゴは打ち砕かれるだろう。

そしてそのときあなたはそこに、大いなるいのちの働きを見て取るはずだ。


そして、その時あなたは気づくはずです。

あなたがそれまで「悩み」であり「問題」であると思っていたことは、決して「悩み」でも「問題」でもなかったということに……。

「大いなるいのちの働きこそ、私の真実の姿である」「この私は、いのちの働きがとった、仮の姿でしかない」——こうした人生の真実に目覚めるとき、それまで「問題」や「悩み」だと思っていたものは、「問題」でも「悩み」でもなくなります。答えが与えられて「解決する」のではありません。「問題」や「悩み」としての意味を失って、ただ「消えてなくなる」のです。

こうした大きな視点から見ると、あなたが今、悩んでいる「問題」や「悩み」は「大いなる、いのち」という「人生の真実」へと、あなたを導いてくれる案内役（ガイド）であり、導き手なのかもしれないのです。

フランクルの心理学は、絶望しきった私たちの魂が、微かな、しかしながら確かな希望を、暗闇の中で発見していくことを手助けしてくれる心理学です。

最後に、人生を意味のあるものに変えるのに遅すぎることは決してないと考えたフランクルの言葉を紹介しましょう。

フランクルは『夜と霧』刊行後、世界中からの講演依頼をできる限り引き受けましたが、なかでもフランクルが極めて重要な意味があると考えていたのが、死刑囚が収容されている刑務所での講演でした。

重い罪を犯して死刑囚になってしまった。いつ自分の命が完全に絶たれてしまうかわからない。そうした人々が集まる刑務所で、フランクルは次のように説いていきました。

「人生をやり直すのに遅すぎることはありません。人生を意味あるものに変えるのに遅すぎることはないのです。

たとえ、今のあなたが、自分の犯した罪の重さに打ち震え、『こんな自分の人生など、まったく意味がなかった。こんな自分の人生など存在するに値しなかった。むしろ存在しないほうがよかったのかもしれない』——そのように考えて、人生に対する絶望でいっぱいになっていたとしても……。たとえあなたが死刑囚であったとしても、人生を意味あるものに変えるのに、遅すぎることはありません。たとえ、今日があなたの死刑が執行されるその前日だとしても、もしあなたが、自分の犯した罪に対して毅然とした態度で正しく向き合うことができるならば、自分の人生を意味あるものに変えるチャンスは残されているのです」

このような熱く、魂を揺さぶるメッセージを、フランクルは、死刑囚、それも目前に死刑の執行を控えているような囚人たちに対しても発し続けていったのです。

これは、強制収容所における極限状況を体験したフランクルが言うからこそ、説得力のあるメッセージなのではないかと思います。

人生は、意味あるものに変えられる

これまでどんなに自堕落な人生を生きてきたとしても、あるいは、どんなに罪深い人生を生きてきたとしても、今この瞬間に、人生に対する態度を切り替えることができるならば、すなわち自分の運命を自分自身のものとして引き受けた上で、人生に対する態度を切り替えることができるならば、その人の人生は、突如として、輝きに満ち始め、光を放ち始める、とフランクルは言うわけです。

人生を意味あるものに変えるのに遅すぎることはない――。フランクルはこのメッセージを発しながら、アメリカじゅうの刑務所で、死刑囚たちの魂を鼓舞し続けてきました。

そう考えるとどうでしょうか。たとえ死刑囚でさえ、自分の人生を意味あるものに変えることができるのです。ご自分の人生はいかがでしょうか。もしあなたが今、「こんな人生を続けていたら、自分の人生に意味があるとは思えない。こんな毎日を繰り返すだけの人生は、ただ空虚なだけだ」――そんな思いを抱いているとしても、けっして遅すぎることはありません。

これまでの自分の生き方、人生に対して毅然とした態度をとり、これからの自分の人生を、人生からの呼びかけに応えるものに変えていくことができるなら、人生は突然、意味あるものとして輝きを放ち始めるのです。

まとめ

悩んで、悩んで、悩みぬけ。
苦しんで、苦しんで、苦しみぬけ。
絶望の果てにこそ、暗闇の中に一条の希望の光が届けられてくるのだから。

あとがき

本書の中でも何度か触れましたが、私は、一〇代半ばから二〇代前半にかけて、暗黒の青春時代を送っていました。「自分はどう生きるべきか」「どう生きればよいか」わからず、悩み苦しむ毎日……。どれほど問い求めても答えが得られずに、半ば自暴自棄のまま、時が過ぎるのに身を任せていたのです。

そんな時、私を救ってくれた一人が、フランクルでした。

フランクルは言います。

「人間が人生の意味は何かと問う前に、人生のほうが人間に問いを発してきている。だから人間は、本当は生きる意味を問い求める必要はないのである。人間は、人生から問われている存在である。人間は生きる意味を求めて問いを発するのではなく、人生からの問いに答えなくてはならない存在なのである」(『医師による魂の癒し』)。

「どう生きるべきか」「どう生きればよいか」と悩み苦しんできたその問題の

真の答えは、実は、私がこの世に生まれてからずっと、常に既に、私の足下に送り届けられてきていたのだということ。だから私は何も、自分でその答えを求める必要などなかったのだということ。人生のこの逆説的な真実を、私は、フランクルのこの言葉を通して教えられました。そして救われたのです。

ところで、フランクルと言えば、誰もが思い出すのが、彼が捕虜として捕らえられたナチスの強制収容所における体験記録『夜と霧』（原題『ある心理学者の強制収容所体験』）でしょう。

わずか九日で書かれたこの本は、そこに記された数々の陰惨な事実にもかかわらず、ある種のさわやかな感動すら与えてくれます。

それは、この著作における著者の眼差しが、強制収容所の生き地獄の中で、なお希望を失わずに生きようとする人々の姿と、それを支える人間精神の気高さとに注がれているからでしょう。

ちなみに、フランクルは最初、強制収容所を体験した数知れない人間の一人として、この本を匿名で刊行する予定であったといいます。

省みれば、収容所とは比べ物にならないこの豊かな平成の日本においても、多くの人々が生きるエネルギーを枯渇させ、理由なき疲労感を訴え始めています。

大学生の八割近くが、「毎日がむなしい。つまらない。だから何もしていなくても疲れてしまう」と言い、高校生の多くが「自分の夢がかなうなんて思えない」「いくら努力してもダメ」と、この時点で既に、自分の人生を見切ってしまっています。その背後に控えるのは、ただ同じことが繰り返される日々の中で、「どうせ何をしても無駄」「何のために毎日を生きているのかわからない」という、深い深い「むなしさ」の感覚です。

それればかりか、一番元気なはずの小学生高学年の男子の少なからずが、「朝、病気ではないのに頭がいたい」「お腹がいたい」「吐き気がする」「食欲がない」と、身体症状の形で、言葉にならないストレスを訴えているのです。

もちろん、サラリーマンの「うつ」も例外ではありません。

なぜ、こうなってしまうのでしょうか。

フランクルによれば、現代人がストレスフルなのは、あまりにも緊張すべき場面が多いからではありません。今の日本とは、つまるところ、すべてが与えられた豊かさの中で、「輝ける未来」も「実現すべき目標」も見当たらない、どこまでも〝まっ平らな世の中〟です。目指すべき「理想」もなければ「目標」もない。なしとげなければならない「使命」もない。こうして、よい意味での緊張感（実存的緊張）を欠いているからこそ、現代人はストレスフルなのだとフランクルは言うのです（『心理療法と実存主義』）。

ストレスが強すぎるからではなく、よい意味での本物のストレスがない世の中だから、人々の心が脆弱になっているという逆説をフランクルは説くのです。

この指摘は、現代人のストレスの問題を考える際に見逃しがちな根本的な盲点を突いています。

人生の本質を、各自に課せられた個人的な「使命」を実現する場であると捉えるフランクルの心理学。それは、こんな「むなしさの時代」においてこそ、その真価を発揮するもののはずです。

平成の不況はますます深刻化し、リストラされたサラリーマンや、経営不振に喘ぐ中小企業の経営者は、八方塞がりの状態。中高年の自殺者は急増し、事態の重大さを物語っています。

そして、そんな時代だからこそ、どんな逆境にあっても決して希望を見失わないこと、いかに絶望的な状況に見えようとも――刑の執行が間近に迫った死刑囚のような状況に置かれていようとも――人生を意味あるものにする可能性は存在し続けること、そしてその可能性を現実化しうるか否かは、ただその人の人生に対する態度如何にかかっているということ、このことを教えてくれるフランクルの心理学は、ますますその重要性を増してきていると思います。

フランクルは「苦悩」にこそ人間の成長の可能性があると考え、絶望の果てにおいてこそ、希望の光が届けられてくると信じています。彼の心理学はまさに「逆境にある人に勇気を与え続ける心理学」なのです。

●本書で紹介したフランクルの心理学をはじめとした実存心理学、人間性/トランスパーソナル心理学は、次の研究会で学ぶことができます。どなたでも参加可能です。私のホームページ http://morotomi.net/ で内容をご確認のうえ、お申し込みください。

〒101-0062 東京都千代田区神田駿河台1-1 明治大学14号館
諸富研究室内 「気づきと学びの心理学研究会事務局」
問い合わせ申し込み先 E-mail : awareness@morotomi.net
FAX 03-6893-6701

引用文献

訳出にあたり、可能な限り原典にあたって訳し直したが、翻訳のあるものはできるだけ参考にし、改訳の必要を感じない箇所については、ほぼそのままの訳を引用した箇所もある。

『医師による魂の癒し――ロゴセラピーと実存分析の基礎づけ――』
（*Ärztliche Seelsorge: Grundlagen der Logotherapie und Existenzanalyse*, Franz Deuticke, 1946. 霜山徳爾訳『フランクル著作集2 死と愛 実存分析入門』みすず書房 一九五七）

『ある心理学者の強制収容所体験』
（*Ein Psycholog erlebt das Konzentrationslager*, Verlag für Jugend und Volk, 1946. 霜山徳爾訳『フランクル著作集1 夜と霧』みすず書房 一九六一）

『心理療法の実践』
（*Die Psychotherapie in der Praxis*, Franz Deuticke, 1947. 邦訳なし）

『苦悩する人間』
（*Homo Patiens: Versuch einer Pathodizee*, Franz Deuticke, 1950. 真行寺功訳『苦悩の存在論 ニヒリズムの根本問題』新泉社 一九七二：山田邦男・松田美佳訳『苦悩する人間』春秋社 二〇〇四）

『神経症の理論と治療』
（*Theorie und Therapie der Neurosen*, Ernst Reinhardt, 1956. 宮本忠雄・小田晋訳 フランクル著作集4『神経症1』／霜山徳爾訳 フランクル著作集5『神経症2』みすず書房 一九六一）

『精神医学的人間像』
（*Das Menschenbild der Seelenheilkunde*, Hippokrates-Verlag, 1959. 宮本忠雄・小田晋訳　フランクル著作集6『精神医学的人間像』みすず書房　一九六一）

「人間的現象としての自己超越」
（"Self-Transcendence as a Human Phenomenon", In: *Journal of Humanistic Psychology*, *Vol.6, No.2, 1966, pp.97-106*　邦訳なし）

「意味は何を意味しているのか」
（"What is Meant by Meaning?" *Journal of Existentialism*, 1966, fall, 7-25, pp.21-28　邦訳なし）

『心理療法と実存主義——ロゴセラピー論文集——』
（*Psychotherapy and Existentialsim: Selected Papers on Logotherapy*, Simon and Schuster, 1967. 高島博・長澤順治訳『現代人の病　心理療法と実存哲学』丸善　一九七二）

『意味への意志——ロゴセラピーの基礎と応用——』
（*The Will to Meaning: Foundations and Applications of Logotherapy*, New American Library, 1969. 大沢博訳『意味への意志』ブレーン出版　一九七九）

『それでも人生にイエスと言う』
（*Trotzdem Ja zum Leben sagen*: Ein Psychologe erlebt das Konzentrationslager, Kösel, München 1977. 山田邦男・松田美佳訳　春秋社　一九九三）

「いかにして人生の意味を見つけるか」
（ロバート・シューラーによるインタビュー　"How to Find Meaning in Life", In: *Possibilities*, March/April, 1991, pp.8-12　邦訳なし）

フランクル文献リスト

フランクルに関連する本

- 諸富祥彦著『フランクル心理学入門』コスモスライブラリー　一九九七
- 諸富祥彦著『〈むなしさ〉の心理学』講談社現代新書　一九九七
- 諸富祥彦著『生きていくことの意味』ＰＨＰ新書　二〇〇〇
- 諸富祥彦著『人生に意味はあるか』講談社現代新書　二〇〇五
- 諸富祥彦著『どんな時も人生には意味がある　フランクル心理学のメッセージ』ＰＨＰ文庫　二〇〇六
- ハドン・クリンバーグ・ジュニア著『人生があなたを待っている　２』赤坂桃子訳　みすず書房　二〇〇六
- 諸富祥彦著『「夜と霧」ビクトール・フランクルの言葉』コスモスライブラリー　二〇一二

フランクル自身の著作（日本語で読めるもの）

- フランクル著『〈生きる意味〉を求めて』諸富祥彦監訳　上嶋洋一・松岡世利子訳　春秋社　一九九九
- フランクル著『夜と霧』霜山徳爾訳　みすず書房　一九八五
- フランクル著『それでも人生にイエスと言う』山田邦男、松田美佳訳　春秋社　一九九三
- フランクル著『死と愛―実存心理学入門』霜山徳爾訳　みすず書房　一九八五
- フランクル著『制約されざる人間』山田邦男訳　春秋社　二〇〇〇
- フランクル著『宿命を超えて、自己を超えて』山田邦男訳　春秋社　一九九七
- フランクル著『意味による癒し　ロゴセラピー入門』山田邦男訳　春秋社　二〇〇四
- フランクル著『フランクル回想録―二〇世紀を生きて』山田邦男訳　春秋社　一九九八

39329

諸富祥彦《もろとみよしひこ》

ビクトール・フランクル 絶望《ぜつぼう》の果《は》てに光《ひかり》がある

二〇一三年六月五日　第一刷発行
二〇二五年八月五日　第三刷発行

発行者―鈴木康成
編集者―梁木みのり
発行所―KKベストセラーズ
東京都文京区音羽一-一五-一五
シティ音羽二階　〒一一二-〇〇一三
電話〇三-六三〇四-一八三二（編集）
〇三-六三〇四-一六〇三（営業）
https://www.bestsellers.co.jp

印刷製本―近代美術
落丁・乱丁本はお取替えいたします。
定価はカバーに明記してあります。

本書は二〇一〇年に小社より刊行された『生きる意味　ビクトール・フランクル　22の言葉』を改題し、加筆修正の上、文庫化したものです。

ISBN978-4-584-39329-1 C0195